COLLEC

DE

OBSERVAÇÕES GRAMMATICAES

SOBRE

A

LINGUA BUNDA,

OU

ANGOLENSE,

COMPOSTAS

POR

Fr. BERNARDO MARIA DE CANNECATTIM,

Capuchinho Italiano da Provincia de Palermo, Missionario Apostolico, Ex-Prefeito das Missões de Angola, e Congo, e Superior actual do Hospicio dos Missionarios Capuchinhos Italianos de Lisboa.

LISBOA,

NA IMPRESSÃO REGIA.

ANNO M. DCCC. V.

Por Ordem Superior.

SENHOR

T Endo ha muitos annos passado a exercitar no Reino de Angola o Ministerio Apostolico, huma longa, e certa experiencia me certificou, que a ignorancia da Lingua Bunda, ou Angolense era hum obstaculo perpetuo não só aos progressos do Christianismo naquella vasta Região, mas tambem dos interesses politicos do Estado. Estes poderosos motivos me convidárão a trabalhar seriamente assim por adquirir o conhecimento desta Lingua, como para o franquear ao Público, que carecia de todo o soccorro para a sua intelligencia. Com este designio compuz hum Diccionario do Idioma Bundo, e além disso huma Collecção de Observações Grammaticaes que servissem de guia no estudo desta Lingua quasi inteiramente desconhecida. He esta a Obra que eu res-

A ii

respeitosamente ponho nas Reaes Mãos de V. A.
como hum tributo devido ao Augusto, e Generoso
Benfeitor da minha Serafica Religião Capuchinha,
que na elevação, e Grandeza do Throno já mais
despreza a humilde offerta de hum Vassallo fiel, e
grato. Deos guarde á Real Pessoa de V. A. como
estes Reinos necessitão, e lhe pede

SENHOR

He

De V. A. R.

O mais submisso, e obediente servo

Fr. Bernardo Maria de Cannecattim,
Capuchinho Italiano.

AO LEITOR.

A Lingua commum de hum Paiz, em que deve annun-
ciar-se o Evangelho ao povo, que o habita, he manifestamente de absoluta necessidade ao exercicio, e progresso
do Christianismo entre aquelle povo. Mas se além disto
se ha-de fazer uso da mesma lingua no manejo dos nego-
cios politicos, na administração da justiça, e até nas deliberações, e emprezas militares, então o conhecimento deste Idioma vem a ser de summa utilidade ao Estado.

Todos estes motivos concorrem na lingua Bunda, de-
monstrando, que ella não só he util, mas até necessaria;
porque nesta lingua se ha-de precisamente communicar a
Doutrina Evangelica aos habitantes do vastissimo Paiz em
que ella se falla, assim como tambem deve interior no seu
governo civil e militar, mostrando a razão, e a experiencia, que o uso dos Interpretes (Pretos brutos, e varios) he insufficiente para satisfazer a estes importantissimos objectos.

No Prologo do Diccionario desta lingua, que dei á
Estampa, expuz com individuação a sua utilidade com respeito aos ponderados objectos. Porém o conhecimento do
Reino d'Angola, e o zelo do bem público, me excitão
novamente algumas reflexões tocantes ás vantagens tempo-
raes da dita lingua.

Sendo esta entendida, e facilitada em consequencia
á conversação com os Negros, (que utilissimos descobri-
mentos se não farão de plantas, e raizes medicinaes, de
madeiras preciosas, de importantissimos mineraes, de huma variedade immensa, e desconhecida de animaes) pre-
hu-

huma palavra de productos raros, e appreciaveis em todos os tres Reinos na Natureza.

Destes conhecimentos huns são cauta, e religiosamente escondidos pelos Negros, temendo serem inquietados, e perseguidos em suas habitações, e outros só poderião adquirir-se por homens habeis, e capazes de indagarem a natureza, os quaes para o acerto, e felicidade de suas jornadas, exames, e observações dependeráõ sempre da informação, e conversação dos Negros. Como a agricultura em Angola he toda feita pelos Negros, nunca póde dirigillos, nem disciplinallos bem nas uteis práticas da lavoura aquelle que ignora a lingua, porque este exercicio pede frequente communicação entre quem manda, e quem obedece.

Esta descobre o genio, a inclinação, e disposição dos animos, sonda os costumes, e concilia a affeição, o que tudo manifestamente conduz para os progressos da agricultura, que em Angola se acha em hum deploravel abatimento, e desamparo, sendo o ponderado motivo hum das origens deste mal, que interrompe o primeiro, e mais solido manancial das riquezas do Estado.

Não seria pequeno o augmento, e beneficio da lavoura em Angola, se se trabalhasse por amançar, e domesticar alguns animaes silvestres, que poderião optimamente servir no uso da mesma lavoura, como são as *Empacaças*, as *Empalancas*, os *Sefos*, &c. todos castas de Bois bravos, e de muita força para puxar carros, e romper terras, sendo notorio que destes animaes ha huma grande abundancia, mesmo junto da Cidade de Loanda, e de que aterém poderião fornecer os açougues.

Os Soberanos desta Monarquia sempre attentos à felicidade dos seus Povos, tem muitas vezes mandado a Angola homens instruidos para examinarem o estado daquella Conquista, e se providenciar no seu melhoramento, porém

rém estes Indagadores reconhecêráo pela propria experiencia o obstaculo, que a ignorancia da lingua offerecia aos
progressos, e fins dos seus trabalhos, e as sábias vistas do
Governo, que alli os enviára, prestando-lhes avultados es-
tipendios.

Assim mesmo aquellas noticias, que as fadigas de
muitos annos, e de muitos homens tinháo descoberto, e
que franqueados ao público deviáo subministrar util ensino
em benefício das Artes, das Sciencias, da Agricultura, e
do Commercio, quiz a desgraça, que humas morressem
no seio de seus descobridores, e outras sendo depositadas
nos Arquivos de Angola viessem a servir de pasto á devo-
radora traça do Paiz, chamada *Salalé*, insecto, a cujas rui-
nas apenas escapáo os marmores, e os bronzes.

Sendo o conhecimento da lingua Bunda recommenda-
vel por tantos motivos, não posso com tudo deixar de
principalmente insistir na necessidade, que os Parocos
de Angola tem da sua intelligencia, tanto para satisfaze-
rem ao seu ministerio Pastoral na administração dos Sacra-
mentos, e instrucção Religiosa, como pela particular con-
fiança que os Pretos fazem dos Ecclesiasticos communican-
do-lhes os seus segredos, com preferencia aos que o não
são.

Tendo pois em vista o interesse público da Religião,
e do Estado não me poupei a trabalho algum para facilitar a intelligencia da lingua Bunda, compondo hum Diccionario della, e as presentes Observações Grammaticaes,
que ainda que não contenháo huma Grammatica perfeita,
e igual á de qualquer das linguas cultas, com tudo será
sempre de hum grandissimo auxilio em penetrar a obscuridade de hum Idioma desconhecido.

Igualmente servirá este meu trabalho de excitar aquelles, que adquirirem hum profundo conhecimento da lingua
Bunda a darem ao público huma Grammatica completa della,

lá, emendando os erros destas Observações, e reduzindo as a hum methodo mais exacto, e regular, não me sendo possivel fazello eu, não só pela razão de Estrangeiro, mas tambem porque os Authores de quaesquer primeiras Obras, inda que muito habeis, e diligentes, raras vezes as chegão á sua perfeição, não cabendo de ordinario nas forças de hum homem descobrir, e aperfeiçoar.

Conhecendo a necessidade da lingua Bunda, tem varios Authores dado nella á luz differentes opusculos com o fim de prestarem algum soccorro aos Ecclesiasticos, que se empregassem nas Missões de Angola. O primeiro foi o Padre Fr. Antonio do Couto da Companhia de Jesus, o qual reduzio a methodo mais claro, e compendioso o Cathecismo posthumo do Padre Fr. Francisco Pacconio da mesma Companhia.

Foi impresso pela primeira vez no anno de 1643 em Lisboa por Domingos Lopes Rosa. Em 1661 foi estampado com accrescentamento da terceira columna em lingua Latina; e em 1784 se imprimio na Regia Officina de Lisboa por Ordem da Augustissima Rainha Dona Maria Primeira, que Deos guarde, debaixo do mesmo titulo: *Gentilis Angelæ in fidei Mysteriis eruditus*.

Nelle verteo o Author da lingua Portugueza na Bunda varias cousas pertencentes á Doutrina Christã, fazendo igualmente algumas explicações da mesma Doutrina em dialogo. No principio, e fim da segunda, e terceira Edição se encontrão algumas regras Grammaticaes, que se achão no Cathecismo da primeira Edição; e só o que ha de mais nas sobreditas Edições são humas regras brevissimas, e sem nenhum exemplo, das quaes algumas não estão em uso, o que faz presumir, que na lingua Bunda tem havido alguma variedade.

Não só isto mas os muitos, e gravissimos defeitos, de que está cheio o referido Opusculo forão motivo para

del-

delle me não servir nas minhas Observações, guiando-me unicamente a prática, e experiencia de vinte e hum anno, que tanto tempo habitei entre os Abundos do Reino de Angola, merecendo as ditas Observações com justa razão o nome de primeira obra Grammatical da lingua Bunda.

Para que eu justifique a censura, que faço do mencionado Cathecismo, e juntamente acautele os leitores no seu uso, passo a declarar individualmente os seus defeitos. O primeiro he que a columna da lingua Bunda em muitas partes he laconica com excesso. O Author della, que supponho haver sido algum sujeito natural de Angola, podia-se ter explicado melhor, mettendo nesta columna todos os artigos, particulas, adverbios, e palavras, que estão expressadas nas outras duas columnas Portugueza, e Latina, porque deste modo seria intelligivel aos Ecclesiasticos Europeos.

Segundo: em varias partes a dita columna Bunda usa de redundancia, e inuteis circumloquios, tanto no meio, como particularmente no fim de alguns paragrafos, onde se achão cinco, seis, e mais palavras, que se não exprimem nas outras duas columnas: e ainda que os referidos termos pareça juntarem-se para maior clareza, servem ao contrario para confusão, e embaraço.

Terceiro: o Author não executa na prática aquellas limitadissimas regras de Grammatica, que aponta no principio, e fim do opusculo; especialmente nas iniciaes dos verbos, como não terão deixado de observar os intelligentes da lingua Bunda.

Quarto: as palavras compostas se devião dividir com riscas intermedias para facilitar aos Estrangeiros a sua intelligencia, o que se não observou na columna Bunda.

Quinto: o Author aponta a letra *u* como pronome inicial da segunda pessoa do singular dos verbos, o que seria assim no tempo em que elle escreveo; porém presen-

B te-

temente o pronome inicial da dita segunda pessoa he a _Qu._
Diz o mesmo Author , que a syllaba _Mu_ he o pro nome
inicial da segunda , e terceira pessoa do plural , quando
presentemente o pronome inicial da dita segunda pessoa
do plural he a syllaba _Nu_ , e o da terceira pessoa do plural he a letra _A._ havendo huma grande differença em dizer
v. g : _a-bánca_ fazem, que he o que deve ser, e _mu-bánca_,
que parece mais depressa huma voz de nome, do que do
verbo.

Sexto : com grave embaraço dos Europeos se encontrão no Cathecismo, huma multidão de palavras excluidas
do uso moderno , ou seja porque os Abundos lhes tem in-
sensivelmente substituido outras tambem Abundas, ou porque tem adoptado palavras Portuguezas , bundizando-as ,
e esquecendo pouco a pouco os verdadeiros, e antigos termos da lingua Bunda, que se lem no Cathecismo, de que
a penas alguns velhos conservão a memoria.

Setimo : aos sobreditos defeitos accrescem os erros
da estampa, que sem dúvida nestas ultimas impressões são.
numerosos. A respeito disto acho a primeira mais correta ,
e exacta ; porém nas duas se encontrão palavras diversas.
unidas humas com as outras, representando hum só termo ,
outras partidas , e separadas, sendo com tudo huma unica
palavra, e até se vem humas mesmas palavras não só divi-
didas, mas com virgulas pelo meio dellas. Finalmente en-
contrão-se pontos , e virgulas fora dos seus lugares ; e na
ultima impressão , excepto o titulo do primeiro Dialogo ,
todos os mais estão errados.

O cumulo pois de tantos, e tão grosseiros erros, im-
perfeições , e defeitos essenciaes tem sido a causa de que o
Cathecismo até ao presente labore em huma obscuridade
impenetravel , e por isso em vez de auxilio, e utilidade ,
serve ao contrario de hum gravissimo embaraço não só aos
Europeos , mas até aos mesmos Ecclesiasticos naturaes de
Angola.   Não.

Não deixa com tudo assim. mesmo de encerrar. alguma cousa boa o dito Cathecismo. As columnas Portugueza, e Latina são exactas: e a mesma columna Bunda tem de bom o comprehender muitos. termos expressivos, alli conservados como em deposito ha tantos annos, e que dispensavão os Abundos de mendigarem das linguas Estrangeiras os termos que conservão na propria, e que por desmazelo tem deixado em esquecimento, e desuso.

Do que fica dito se conclue, que para o Cathecismo poder servir de utilidade he necessario, que se lhe emendem os defeitos, os erros da estampa, e se dem a conhecer os termos Abundos desusados. Para mostrar estes se fez o supplemento ás Observações Grammaticaes, no qual a maior parte dos termos são tirados do Cathecismo; e ainda que estes deverião inserir-se no Diccionario, como synonymos antiquados, não foi possivel praticar então este trabalho, e apenas no fim do mesmo Diccionario se mettêrão alguns dos referidos termos.

He porém de advertir, que assim estes termos desusados do Cathecismo, como outros, que por incuria dos Naturaes ficão sepultados no cáos do esquecimento, fazem huma sensivel falta na lingua Bunda. E fique em perpétua lembrança, que devem com mais cuidado vigiar sobre a conservação, e riqueza do Idioma, não só para se não perderem os termos Abundos presentemente usados, mas diligenciando descubrir outros, preguntando aos Abundos que do certão vem a Loanda, os quaes fallão melhor, e com mais pureza a lingua, e conseguindo-se a abundancia de termos se, exprimirão as idéas energica, e concisamente, sem dependencia de fastidiosos, e confusos circumloquios.

Depois de termos dado huma ligeira idéa da utilidade, e necessidade da lingua Bunda, e que o Cathecismo estampado he insufficiente para desempenhar os seus im-

portantes fins, seria opportuno fazer menção da Etymologia
da palavra *Búndo*, e *Búnda*; porém ainda que aqui diremos
alguma cousa a este respeito, com tudo dilatar-nos-hemos
mais na observação, em que se trata da Etymologia das
palavras Abundas, onde se mostrará tambem a razão porque no singular se pronuncia, e escreve esta palavra com
huma letra de menos, dizendo-se *Búndo*, e *Búnda*, e no
plural com huma letra de mais, e porque esta letra se ha-
de pôr no principio, e não no fim da palavra, formando
A-búndo, e *A-búnda*.

Não se deve omittir neste Prologo a noticia da origem desta lingua; como tambem da relação, e affinidade,
que ella tem com outras linguas suas convizinhas, ou distantes, e a extensão do territorio em que se falla, satisfa-
zendo do modo possivel á curiosidade dos leitores sobre
estes objectos, em que se entretem a indagação de muitos
Litteratos.

Quanto á origem da lingua Bunda, ella póde consi-
derar-se a respeito do tempo em que principiou, ou do lugar em que nasceo: a respeito do tempo parece impossivel
subir-se até ao seu principio; pois nem existem individuos
tão antigos, nem ha monumentos que nos guiem a huma
remota antiguidade.

Pelo que respeita ao lugar, ainda que he de presumir, que a lingua *Búnda* teve o seu berço em hum dos lugares onde agora existe, e se falla; com tudo he quasi impossivel saber-se o lugar proprio, e particular, onde prin-
cipiára.

Segundo a situação dos lugares principaes que ella
occupa, e as Potencias mais poderosas, que os dominão,
parece que a lingua Bunda nasceo em *Cassánc'i*, ou nas
mesmas terras do *Gínga*, e que depois de ter crescido em
proporcionada longitude, e latitude nos referidos lugares,
e nos dos *Libólos*, e *Giácas*, ou *Giágas* se viesse depois es-
ten-

tendendo pelos districtos que hoje chamão de *Ambáca*, *Gol-*
lungo, *Icóllo*, e *Béngo*, e chegasse em fim a *Loánda*, correndo o longo terreno, que principia ao Sul do rio *Luffú-*
ni, e acaba ao Sul do rio *Cuánça*, donde a pouca distancia principia a *Quisáma*, que vem a ser o Reino que os
Geografos chamão de *Matamão*. (1)

A' vista do que a lingua Bunda occupa nas praias do
mar huma pequena extensão de quarenta a cincoenta legoas,
que representa como hum caminho, que ella tem da sua
casa até as margens do mar, nas quaes por isso he de presumir, que ella não nascêra, mas que alli viera a ter assen-
to com os Povos victoriosos, que a fallavão : sendo destas
mesmas victorias que provavelmente teria a sua origem o
chamarem-se estes Povos de Angola *Abúndos*, e o Reino
Abónde (2), ou antes mais propriamnete *Bénde*, ou *Nbónde*,
e a lingua destes Povos Bunda, por ser fallada por estes
Povos Abundos. Pois estas palavras de *Búndo*, e *Abúndo*
tanto na lingua do Congo, como na de Angola, não significão outra cousa mais, que *Batedor*, e *Batedores*, isto he
Vencedor, e Vencedores ; donde allusivamente podemos
dizer, que estes Povos se chamão *Abúndos*, a sua lingua
Búnda, e o Reino *Bónde*. Com tudo o nome proprio do
Reino he *Dóngo*, como diremos mais abaixo.

Ao contrario os habitantes do Congo, que se julgão
serem os Povos batidos, ou vencidos continuárão a chamarem-se com o mesmo nome de *Mucha-Cóngo*, e *Acha-Cóngo*,
isto he Conguez, e Conguezes, que vale o mesmo na lingua do Congo, que *Regulador*, e *Reguladores*. Porém os
Abundos ás ditas palavras trocárão-lhe o significado, e no
sen-

---

(1) Veja-se Bluteau no seu Vocabulario na palavra Angola, e outros
Geografos, que situão o dito Reino de *Matamão* entre o Rio *Cuánça*, o
o Rio *Lúnga*.

(2) Veja-se o referido Bluteau,

sentido destes querem dizer *Devedor*, e *Devedores*; e estas
palavras *Ngána Muchíno riá Cóngo*, que no sentido dos Conguezes significão *o Senhor Rei da Regra* , no sentido dos
Abundos exprimem : *o Senhor Rei da Divida*: ou *o Senhor Rei
devedor*.

Da qui se deve inferir, que os adjectivos *Bóndo Bón-
da*, e *Bínde* são apropriados aos Angolenses, ao seu Reino , a lingua , com alluzão ás victorias, que estes Povos
antigamente alcançarião. Porém o nome proprio do Reino
de Angola he *Dóngo* , que foi hum termo bem adequado,
em razão da sua figura desproporcionadamente comprida.
Por quanto na lingua Bunda esta palavra, *Dongo*, nada mais
significa do que huma casta de embarcação, a que chamão
Canóa, que he toda construida de hum só páo; quando esta
he pequena dão-lhe o nome de *Lóngo* ; e quando grande,
Dóngo; porém por maior grandeza , e largura , que tenha
a Canoa chamada *Dóngo*, sempre he huma embarcação des-
proporcionada , que ao mais tem sete palmos de largo, e
de comprido oitenta , e noventa: e sendo mui semelhante
á figura do Reino de Angola , lhe derão os antigos o nome *Dóngo*, que parece bem apropriado.

Mas reconquistada porção deste Reino por hum Sova
Vassallo do Rei do Congo , chamado Angola , a erigio
em Reino , dando-lhe o seu nome de Angola (ou seja
Dóngo-Angóla) que ficou conservando até ao presente. A
outra parte principiou a chamar-se o Reino de *Matámba*,
ou *Dóngo-Matámba* , até que entrou a governar este Reino
a famosa Rainha Dona Anna de Sousa, chamada no Idioma do Paiz *Ginga-aména*, e desde então tambem se come-
çou a chamar o Reino da Ginga até ao dia de hoje, e os
Povos se appellidão os Gingas (1). Conclue-se pois, que a
lin-

___

(1) Veja-se Bluteau no seu Vocabulario na palavra Angola. O anno historico, Diario Portuguez Tom. III. pag. 368. Dapper na sua Descripção
d'Africa, baixa Ethiopia.

lingua Bunda teve o seu nascimento no sertão do Reino de Angola em algum lugar dos Dominios dos Reinos apontados de *Cassánc'i*, *Matámba*, *Giáca*, *Libólu*, que julgo serião todos no seu principio de hum mesmo Senhor : e que em fim a mesma lingua, se principiaria a chamar Bunda por alluzão ás victorias alcançadas pela gente que a fallava.

Depois de termos fallado da origem da lingua Bunda, passemos agora a mostrar a grande affinidade que ella tem com outras linguas suas vizinhas. No Prologo do Diccionario se disse de passagem, que a lingua Bunda tem relação, ou affinidade com as linguas dos *Mah'úngos*, e com a lingua *Mócho-Conguéza*. A primeira não he lingua maritima: a parte mais vizinha ao Mar, he onde esta Nação se limita com o Reino de Angola, nas terras do *Démbo Cacúllu Cahénda*, Vassallo de sua Magestade fidelissima, cousa de sessenta legoas distante do Mar.

A situação desta Nação he ao Norte de Angola, e vai acompanhando ao Leste as fronteiras, até passar a Missão de Cahenda: dalli volta para o rumo do Norte, confinando ao Leste, primeiro com os Povos de Giaca, e mais para o Norte com os Povos de *Cassánc'i*, e *Miltías*. Da parte d'Oeste tambem confina primeiro com o Reino de Angola, até ao Presidio de *Encógi*, e dalli continúa fazendo limites com as cabeceiras do Reino do Congo. O chefe desta Nação dos *Mah'úngos* suppomos ser o mesmo Rei de *Cacóngo*, que he hum Reino situado ao Leste do Reino de Cóngo (1). Ainda que Dapper na sua Descripção de Africa situa *Cacóngo* á borda do Mar no Reino de Loángo ; porém será outro Cacóngo, ou he o mesmo Principado de *Cabínda*, Vassallo do Rei de Loángo.

A palavra *Cacóngo* significa, *pequena regra*, ou o Regno
da

_____

(1) Veja-se Bluteau na palavra Cóngo.

da pequena regra : e esta mesma palavra mostra a grande affinidade , que esta lingua tem com as duas linguas vizinhas, isto he , com a lingua de Congo, e com a lingua Bunda ; pois a dita palavra he hum termo diminutivo de ambos os idiomas : no do Congo quer dizer *pequena regra*, e em Bundo , *pequena divida* : em Portuguez he o mesmo que pequeno Congo.

Não descubro documento algum para comprovar a affinidade ; que esta lingua *Mab'únga*, ou seja Congueza tem com a lingua Bunda , e sómente posso affirmar, que estando eu entre as terras dos *Mab'úugos* fazendo Missão, observei , que os meus Interpetres fallavão na lingua Bunda , e elles na *Mab'únga* , ou *Caconguéza* , e mutuamente se entendião, referindo-me tudo quanto se dizia, e eu queria saber. *Cacóngo* da parte do Norte faz limite com o Rio Zaire, e da parte do Sul com o sertão d'Angola como fica dito.

Em segundo lugar a lingua Bunda tem grande affinidade com a do Congo , e tanto , que ambas parecem ser filhas de huma mesma Mãi. Em demonstração disto, e pública utilidade trabalhei hum pequeno Diccionario da lingua Congueza com o Dialecto que se falla no Principado do Sonho, e seus contornos, sem embargo de ser o dito Principado hum lugar tão distante de todos os Paizes onde se falla a lingua Bunda.

Este resumido Diccionario se divide em quatro columnas, a primeira Portugueza, a segunda Latina, a terceira Congueza , e a quarta comprehende as palavras Bundas , que são identicas, ou quasi identicas com as da lingua Congueza , offerecendo á vista como este Idioma he legitimo irmão do do Congo. Objecto, que igualmente espero fazer ver em huma pequena demonstração separada , que se juntará no fim do mesmo Diccionario chegando-me a tempo as noticias que solicito. Sendo o referido Diccionario hum

mo-

monumento mui apreciavel não só para servir a huma, curiosa erudição, mas porque conduzindo para a intelligencia dá lingua Bunda, vem a encerrar as ponderadas utilidades desta.

A lingua *Conguéza* se dilata muito pelas margens do mar. Ella principia ao Norte do Rio *Luffúni*, que he situado com pouca differença a seis gráos e meio de latitude meridional, vai correndo ao Norte até ao Rio *Záire*, e ao Norte deste Rio se estende por toda a costa do Reino de Loángo até ao Cabo de Santa Catharina, e pelo interior do Reino até a Linha equinocial. Que no Reino de Loángo se falle tambem a lingua *Mócho-Conguéza*, mo affirmárão sujeitos fidedignos, que se achárão na expedição de *Cabinda* no anno de 1784; onde os melhores Interpetres do Exercito Portuguez erão aquelles Pretos de Angola, que sabião fallar alguma cousa na dita lingua *Mócho-Conguéza.*

Cabinda he hum Principado do dominio do Reino de Loángo, no meio dos Principados de *Goi-cóngo*, e *Malémba*, ao Norte do Rio *Záire*, a tres gráos de Latitude meridional com pouca differença. O Reino do Congo ao Norte confina com o Rio *Záire*, e com o Reino de Loángo, e ambos estes Reinos são da mesma Nação *Mócho-Conguéza*: na parte mais superior tambem o Congo se limita com o Reino de *Ansico*, ou *Macócu*; ao Sul parte com o Reino de Angola; ao Leste com o de Cacóngo, ou a Nação dos *Mab'úngos*; ao Oeste com o Oceano.

Havendo fallado da affinidade que tem a lingua Bunda com as duas sobreditas linguas *Mab'únga*, e *Mócho-Conguéza*, nem por isso entendemos excluir as outras duas Nações limitrófes com ella, huma dentro do sertão, parte ao Leste, e parte ao Norte de *Cassánci*, que he a Nação dos *Milúas*, e a outra a Nação *Benguéla*, que se limita com a lingua Bunda ao Sul de *Matámba*, e ao Sul de Angola, até as margens do mar.

C   Quan-

Quanto á Nação dos *Miliás*. Os Feirantes Portuguezes, que vem da feira de *Cassánc'i*, representão esta Nação como mui grande, pela avultada quantidade de Estravatura, e cêra que traz á dita feira, que cada anno se augmenta mais, Presumo que esta Nação tem maior extensão para o Norte, acompanhando as fronteiras do Reino de *Cacóngo*, não para o Leste, isto he, para a contracosta de Angola; porque a estender-se por esta parte, alguns Escravos, que os Brancos comprão na sobredita feira, e que sahem das partes mais remotas dos *Miliás*, darião alguma noticia de ter visto, ou ouvido dizer alguma cousa da dita contracosta. Porém nada dizem a este respeito, noticiando sómente que nas suas terras ha varias Lagoas, e Rios caudalosos, e entre estes hum em que navegão grandes barcos, não só da sua Nação, mas de outras vizinhas, que sobem pelo mesmo Rio.

Ora alguns destes Escravos, sahem de lugares tão distantes, que para chegarem a *Cassánc'i* gastão mais de dobrado tempo, do que empregão de *Cassánc'i* á Loandá. P e isso esta Nação dos *Miliás* corre muito ao Norte pelo interior da Africa, o que faz suppor, que estes *Miliás* são Vassallos do Rei *Milico*, que he o mesmo, que chamão *Muáni-Macócu*, ou de algum dos Reis Vassallos delle, visto ser tão poderoso, que he reputado por hum dos Maiores soberanos de Africa, contando dez Reis Vassallos (1). A cidade principal, onde faz residencia o Rei *Muáni-Macócu*, chama-se *Monsól*, situada debaixo da Linha Equinocial na distancia de algumas trezentas legoas da costa.

A palavra *Muáni-Macócu*, que he o nome do Rei Anisico, quer dizer o Gallo dos Reis, ou *Senhor Eterno*. As palavras *Cóco*, *Cóco-necóco*, e *Macócu*, como também estas *Lila*, *Mulúa*, e *Milúa*, são todos termos da Lingua Bunda. Don-

---

(1) Veja-se Bluteau na palavra Macocu, e outros Geografos.

Donde se póde inferir, que esta tem algum parentesco com a lingua dos Milúas, os quaes aprendem a lingua Bunda com maior facilidade, do que qualquer outra lingua, de tal modo, que chegando os Escravos Milúas a Loánda, todos fallão a lingua Bunda, sinal evidente da muita correlação que estas linguas tem entre si.

Finalmente a outra Nação, que confina com a lingua Bunda pela parte do Sul, he o Reino, que os Geografos, e Bluteau, debaixo da palavra *Angóla*, chamáo de *Matámáo*, que comprehende os *Libólis*, e os *Quisámas*; os primeiros fallão em a lingua Bunda, e os segundos em a lingua Benguela. Esta se estende muito tanto pelo sertão dentro, como pelas praias do mar: e principia, como dissemos, do Reino de *Quisáma*, ou de *Matámáo* até o Rio *Línga*; daqui corre ao Sul ate Benguela, e de lá avança-se por huma longa distancia até a Cafraria. A lingua Benguela, posto que he differente da lingua Bunda, sendo esta mui difficil de aprender aos individuos daquella Nação, com tudo a mesma lingua Benguela tem muitos termos Abundos, e por consequencia não deixão estes dous idiomas de ter alguma affinidade entre si. A palavra, *Benguéla* na lingua Bunda quer dizer. *Defensa*.

Tendo feito ver do melhor modo que me foi possível a Origem, e affinidade, que a lingua Bunda tem com loutras linguas suas cohvizinhas; resta ainda a mostrar a sua extensão. No Prologo do Diccionario fizemos individual menção dos lugares particulares, onde existe, e se falla a lingua Bunda, aqui tocaremos sómente os lugares principaes da sua extensão.

O primeiro Reino em que se falla a lingua Bunda he Angola. O nome proprio deste Reino he *Dóngo*, ainda que se chame tambem *Bónde*, como acima dissemos; mas agora he geralmente conhecido com o nome de Angola. A sua capital he a Cidade de Loánda, que se denomina S. Paulo

C ii da

da Assumpção : derão-lhe os Portuguezes este nome primeiro por se terem apossado deste lugar no dia do glorioso Apostolo S. Paulo, e segundo por a terem restaurado no dia da Santissima Assumpção de Maria Virgem : a mesma palavra Loanda, escrita com a syllaba inicial, *lu*, como a pronuncião os Naturaes, isto he, *Luânda*, quer dizer *Tributo*; porque nestas praias se pescava o *Zimbo*, que he huma casta de Marisco, ou Buzio, de que pagavão tributo ao Rei de Congo (1). Esta Cidade he situada a oito gráos de Latitude Meridional. Angola ao Norte, e vizinho das costas confina primeiro com o Reino do Congo, depois com os *Mah'úngos*, e em ultimo lugar com os Povos de *Gidca*; ao Sul limita-se com o Reino de *Matamão*, isto he, com a *Quisáma*, e com os Potentados do *Libólo*; ao Leste com o Reino de *Matámba*, ou do *Gínga*; ao Oeste com o Oceano.

O segundo Reino, onde se falla esta lingua, he o *Libólu*, que parece ser parte do sobredito Reino de *Matamão*, ou do Reino, que Bluteau chama de *Malémba* (2). Este Reino ao Leste faz limites com a Lagoa de *Zémbra*; ao Oeste com a *Quisáma*, ou *Matamão*; ao Norte primeiramente com o Reino de Angola, e depois com o de *Maltámba*, ou da *Gínga* até a sobredita Lagoa de *Zémbra*; ao Sul com a Nação Benguela.

Em terceiro lugar, a lingua Bunda se falla por todos os povos dos *Gidcas*, ou *Giágas*. Estes vivem independentes, e neutraes. Quando a Rainha Ginga os pertende mandar, recusão obedecer-lhe fazendo-lhe entender, que são Vassallos do *Muani-Pút*, isto he, de Sua Magestade Fidelissima ; e quando se lhe invião ordens pelo Governador de.

---

(1) Veja-se a segunda parte da Historia de S. Domingos do Padre Mestre Fr. Luiz de Sousa. Liv. VI, no principio da pág. 249.
(2) Veja-se no seu Vocabulario na palavra Malemba.

de Angola, ou pelo Capitão Mór de Ambaca, então dizem, que são Vassallos da Rainha Ginga, illudindo assim o imperio de huma, e outra Potencia, e vivendo independentes.

Giáca confronta ao Norte com a Nação dos *Mah'úngos*, e terras do Potentado *Cassanc'i* : ao Sul com o Reino de Angola, e com a jurisdicção do Presidio das Pedras de *Cambámbe*; ao Leste com o Reino da Rainha Ginga; ao Oeste torna a confinar com o Reino d'Angola, e immediatamente com a Missão de *Cabénda*, e jurisdicção do Presidio de *Ambáca*.

Em quarto lugar, falla-se a lingua Bunda com toda a pureza em todo o Reino de *Matámba*, presentemente chamado o Reino da *Gínga*, ou do *Gínga*. Este Reino era unido com o de Angola, e todos os nomes deste se tem dado igualmente áquelle, como são *Dóngo*, *Bónde*; porém depois que ficou dividido, principiárão a chamar-lhe *Matámba*, tomando a denominação do lugar, onde o Rei fixou a sua residencia, e conservou este nome até que entrou no governo deste Reino a famosa Rainha Dona Anna de Sousa, chamada na lingua Bunda, *Ginga-Améua*, e desde aquelle tempo he commummente appellidádo o Reino da *Gínga*, ou do *Gínga*, e os Vassalos, os *Gíngás*.

O Author do Anno Historico, Diario Portuguez Tom. III. pag. 368. descreve as brilhantes façanhas desta Rainha, e succede, que até agora todos os Negros tanto de *Matámba*, como os mesmos de Angola ainda respeitem, e guardem as <u>*Quigíllas*</u>, ou Mandamentos, que ella estabeleceo, e as superstições, que ensinou ; mas infelizmente estes Povos barbaros seguindo os seus erros, não a acompanhão do mesmo modo na conversão, e penitencia, que fez nos ultimos annos da sua vida. O dito Reino da *Gínga* confronta ao Leste com a Lagoa de *Zémbra* ; ao Oeste com o Reino de Angola, e os Povos de *Giáca*; ao Norte com

com o Reino de *Cassánc'i*; ao Sul com o Reino de *Matá-mão*, ou de *Malémba*, isto he, com o *Libólu.*

Ultimamente falla-se a lingua Bunda em todo o Do-minio do Potentado *Cassánc'i.* Este Reino ao Norte confi-na com o Reino de *Cacóngo*, e dos *Milúas*; ao Sul com o Reino de *Matámba*, ou da *Gínga*, e com a Lagoa *Zémbra*; ao Oeste com os Povos de *Giáca*, e *Mah'úngos*; ao Leste com os *Milúas.*

Na *Bánça* principal deste Reino, he que os Feirantes brancos de Loanda parão todos com as suas fazendas, tratando alli o seu negocio da Escravatura, sem que lhes seja permittido chegarem ás raias para pór si mesmos ne-gociarem com a Nação dos *Milúas*, segundo a vigorosa disposição do Potentado.

E tanto he, que nem consente que os *Milúas* passem das fronteiras, mas todos hão-de parar alli, e accenderem de noite faróes, para dar sinal, que está gente de Com-mercio. Então os subditos acreditados do dito Potentado *Cassánc'i*, recebem a fazenda dos Negociantes de Loanda, e a conduzem ás fronteiras para negocio; e voltando fa-zem os seus pagamentos aos respectivos Feirantes, donos das fazendas. O Soberano deste Reino chama-se *Mudni-Cassánc'i*; a Bança, onde reside, *Cassánc'i*: porém o Reino huns chamão-lhe *Cassánc'i*, e outros *Nganghéla.* A palavra *Cassánc'i* quer dizer *pequena Gallinha.*

He notavel na lingua Bunda, que aquillo, que na maior parte dos Idiomas se distingue pelas terminações, ella o dá a conhecer, não por estas, mas sim pelas letras, ou syllabas iniciaes, como succede no singular, e plural dos nomes, e nas differentes vozes, e inflexões dos ver-bos. Neste particular se assemelha a lingua Bunda primei-ramente com a lingua Hebraica, chamada a lingua Santa: he verdade, que neste Idioma tambem governão as termi-nações, mas sobre tudo dá hum grande valor ás letras ini-ciaes,

ciaes, tanto assim, que tehdo cinco conjugações, e hum
só verbo auxiliar, distinguem-se as conjugações por huma
letra inicial, que juntando-se ao Verbo, serve de nota ca-
racteristica.

Por esta razão he que os Hebreos são mais austeros,
e escrupulosos a respeito das primeiras letras das palavras,
do que das finaes, como declara o erudito Conego Regran-
te D. João da Incarnação, na sua Grammatica da lingua
Hebraica Parte III. Cap. III. §. 1. num. 21 prope finem. Eo-
dem intuitu (diz elle) aspiciunt Hebraei ultimam in qualibet di-
ctione literam, quamquam legis, istud tam rigidi non sint custo-
des circa literam altimam, quam circa primam. Dohde se segue, que a lingua Bunda, quanto ao valor das letras iniciaes, tem semelhança com a lingua Santa.

Porém ainda muito mais se assemelha com a lingua
Bunda, na exposta particularidade com a lingua geral das
costas do Brazil, que chamão a lingua Tupinamba. Este Idioma tambem se regula muito pelas iniciaes das palavras,
distinguindo por ellas as pessoas dos Verbos: he porém de
advertir, que as ditas iniciaes na lingua Hebraica são cha-
madas Pontos, na lingua Bunda Prenomes dos Verbos, e
na lingua do Brazil pessoas, e articulos dos Verbos (1).

Com tudo nos Nomes he muito dessemelhante da lingua Bunda, não tendo os Nomes da lingua do Brazil, nem
numeros, nem casos distinctos, á excepção do vocativo,
que algumas vezes muda a ultima letra. O plural he indi-
cado pela materia de que se trata, ou accrescentando-lhe
alguns Nomes que significão múltidão, como todos, tantos,
quantos, muitos, etc. (2). Ao contrario a lingua Bunda tem
regularidade, e abundancia mui comparavel ás linguas cultas

---

(1) Veja-se a Grammatica da lingua do Brazil do Reverendissimo Padre
José de Anchieta da Companhia de Jesus. Cap. VII. pag. 20. e 21.
(2) O citado Author Cap. IV. pag. 9. e 10.

AO LEITOR.

la Europa. Ainda poderáo haver, outros Idiomas, em se descubra affinidade com a lingua Bunda ; mas esta gação dependeria de hum longo trabalho , que me he essario empregar em outros objectos.

Tenho brevemente exposto do modo que pude a ori, affinidade, extensão, semelhança, e utilidade da ua Bunda , 'e se para a intelligencia desta o Público ir algum auxilio tanto nas presentes Observações , como Diccionario , eu conseguirei o fim dos meus ardentes desejos; e o mesmo Público percebendo o cançado, e fruto das minhas fadigas , não deixará de ser benigno desculpar os meus defeitos.

Vale.

PROEMIO

DAS OBSERVAÇÕES GRAMMATICAES

D A

LINGUA BUNDA.

P Osto que a Grammatica conste de quatro partes, que são Orthografia, Prosodia, Etymologia, e Syntaxe; com tudo o Author não se propõe mais do que dar ao público algumas observações que nesta mesma lingua tem feito, cingindo-se o mais que lhe he possivel áquella mesma ordem que os Grammaticos sempre adoptárão, não ficando desobrigados os Angolenses de fazerem, como elle mesmo espera, huma mais exacta, e mais completa Grammatica, visto haver entre elles, sujeitos capazes de semelhante empreza.

PRIMEIRA OBSERVAÇÃO.

T Ratão commummente os Grammaticos da Etymologia, para que se conheça a diversidade que ha entre as letras, syllabas, e palavras, de que se compõe o Alfabeto daquella mesma lingua de que tratão.

O Alfabeto da lingua Bunda consta das mesmas letras, de que consta o da lingua Portugueza : todas ellas se pronuncião da mesma fórma, que em Portuguez excepto o *a*, *e*, *o*, *u* todas as vezes que forem feridos das letras *g'* e *b'*, e sobre estes houver algum apostrofe, ou sinal, que então se pronuncião differentemente que em Portuguez, isto he, gutturalmente v. g. *Mug'áttu* a mulher, *Ag'áttu* as mulheres, *Húta* a espingarda, donde se collige que todas as vezes, que as syllabas *g'á*, *g'é*, *g'ó*, *g'ú*, ou *b'á*, *b'é*, *b'ó*, *b'ú*, se encontrarem notadas com o sobredito apostrofe se pronunciá differentemente que em Portuguez; igualmente a letra *i* todas as vezes que for ferida da letra *h'* , e sobre este houver o tal apostrofe, posto que se não pronuncie gutturalmente; com tudo tem huma pronuncia differente [da Portugueza , e he , a que chamão *nazál* v. g. *Ih'h'í* que tem? por cujo motivo para se evitarem os muitos erros que nascem da má pronunciação das syllabas , deve-se ter todo o cuidado no *g'á*, *g'é*, *g'ó*, *g'ú*, no *h'á*, *h'é*, *h'ó*, *h'ú*, e no *th'*, *h'í*, que com o sobredito apostrofe, ou outro qualquer sinal, tem huma muito differente pronuncia , do que quando o não tem.

Ha duas syllabas entre os Abundos, que tem huma pronuncia equivoca: porque humas vezes se pronuncião como em Portuguez, outras como em Italiano ; para nós sabermos pois determinar devemos fixamente assentar, que o apostrofe, ou sinal posto sobre varias letras do Alfabeto dos Abundos , he que mostra a verdadejra pronuncia de varias syllabas , e faz com que a palavra sempre se conserve na sua propria natureza ; por cujo motivo todas as vezes que as duas syllabas *c'i* , e *c'hi* não tiverem sobre a letra *c* o tal apostrofe devem-se pronunciar como em Portuguez ; pelo contrario, todas as vezes que se encontrarem com o sobredito apostrofe se pronunciaráõ como em Italiano v. g. *Quicúcc'i* quanto? *C'hiámi* meu. Neste mesmo lugar deve-se fazer menção da syllaba *q'ni* , que sendo marcada com apostrofe, vale o mesmo, que a sobredita syllaba *c'hi* , e se deve pronunciar da mesma maneira , porém se escreve com differentes letras por ser assim necessario v. g. *Q'uiátul* pouco.

Os Abundos confundem no principio da palavra a letra *r* com a letra *d*, e esta com a letra *r*; por isto humas vezes parece que dizem *Ridla* o homem ; outras *Diála*; porém a sua verdadeira pronunciação he *Riála*, mas não se deve carregar muito a lingua sobre a letra *r*, ou a syllaba *ri*, como se faz no Portuguez, a pronuncia deve ser mais branda , o que se deve observar em todas as palavras que principião com a syllaba *ri* , como são todos os nomes da quarta declinação na voz do singular. A mesma confusão fazem os Abundos em pronunciar o artigo do genitivo; outros parece que dizem *Riá*, outros *Diá*, quando a sua pronuncia deve ser branda sim, mas tal que sempre soe *Riá* v. g. *Riá Petéro* de Petro : para se obviarem pois. os muitos erros que possão resultar da má pronunciação das palavras, deve-se attender ao melhor som que fizerem ao ouvido as palavras pronunciadas pelos naturaes do mesmo Reino de Angola.

Ha

Ha entre os Abundos hum particular uso relativo ás palavras que começo por consoante, consiste este em fazerem soar no acto la pronuncia da palavra hum *n* antes da letra, por que a palavra começa, como v. g. *Nbúri* o carneiro, *Ngómbi* o boi, *Ngúma* o inimigo: porém a pezar deste uso tão frequente; com tudo não he praticado em todas as palavras, que começão por consoante, porque muitas vezes acontece entre os Abundos pronunciarem muitas sem que sôe o tal *n* como v. g. *Zámbi*, Deos. *Zámba* Elefante, &c. que não admittem *n* antes da letra inicial, por isso que não sôa na pronuncia. Da mesma maneira na palavra *Búndo* que significa o Angolano, e Angolana raras vezes, e alguns tão sómente por affectação fazem soar na pronunciação a letra *n*, dizendo *Nbúndo*, quando a sua verdadeira inicial deve ser, ou o mesmo *b*, e dizer *Búndo*, ou deve ser a inicial *mu*, e dizer *Mubúndo* por razão que a inicial do plural he a letra *a*, e he nome que pertence á primeira declinação. *Mubúndo* o Angolense, *Abúndo* os Angolenses.

A Etymologia da palavra *Búndo*, ou *Búnda* deduz-se do verbo *Cubúnda* bater, este verbo significa igualmente o mesmo tanto na lingua Bunda, como na do Congo, e por isso julgo ser este nome *Búndo* proprio dos povos de Angola, por terem em outros tempos batido algumas Nações visinhas, e ficarem talvez por este motivo intitulando-se *Abúndos* batedores, isto he, vencedores.

As diversas linhas postas no meio das palavras Abundas se póem para que os principiantes conheção a differença que ha entre os nomes simplices, e compostos; as addições que humas vezes se lhe ajuntão, outras se tirão para distincção das vozes differentes dos casos, numeros, e pessoas v. g. *Ca-móna* o filho pequeno, *Móna* he o nome simples, que significa filho; *ca* antes do nome *Móna* he sinal de que elle he diminutivo: donde para em Búndo se dizer filho diz-se *Móua*, e para se dizer o filho pequeno diz-se *Camóna*.

SEGUNDA OBSERVAÇÃO

Do artigo, nome, e suas differenças.

Rtigo he huma palavra que por si só nada significa; mas posto na oração antes do nome, lhe determina a sua significação geral,

ral, fazendo-a pertencer a huma só pessoa, ou cousa v. g. *Petéro béça co Matému* Pedro dá cá as enchadas, onde o artigo *co* em Bundo, e as, em Portuguez precedendo o nome *Matému* encha· das lhe determina a sua geral significação.

Igualmente o artigo demostra os generos, numeros, e casos dos nomes a que se antepõe.; porém como em linguagem Bunda, o artigo he de huma só especie, e por isso sempre o mesmo, tan· to para o genero masculino, como para o femenino, sómente de· mostra o caso, e o número; e para conhecermos pois o genero de qualquer nome, he necessario attendermos ao adjectivo, que se lhe segue, ou está proximo, e se este significar macho, então o nome he masculino; pelo contrario se o adjectivo significar femea o nome será femenino; v. g. *o Móna c'hiámi riála uála bucánça* o filho meu macho está fóra. *H'ánc'i o Móna c'hiámi iá mug'át· tu uála bucánça*, tambem a filha minha femea está fóra; donde se infere que o artigo *o* Bundo serve tanto para o masculino, co· mo para o genero femenino, e que o genero do nome se conhece pelo adjectivo com que concorda: por isso no primeiro exemplo *Móna* he masculino porque o adjectivo *Riála* significa macho: e no segundo exemplo he femenino o mesmo nome *Móna* porque o adjectivo *Mug'átu* significa femea; á vista disto segue-se que não he o artigo, que denota o genero do nome, ou elle seja proprio, ou appellativo; por isso que elle he o mesmo para ambos os gene· ros; e isto constantemente em todos os nomes, ou sejão anima· dos, ou inanimados, sejão de terminação em *u* como v. g. *Qui· búngu* que significa tanto o lobo, como a loba; sejão de termi· nação em *a*, como *Imbua*, que significa tanto o cão, como a cadel· la; seja finalmente qualquer que for a terminação, ou a inicial, he proprio dos nomes Abundos serem todos promiscuos, ou epice· nos, como lhe chamão os Grammaticos, e por isso dependerem de outro que signifique, ou o sexo a que pertencem, ou o genero que lhe compete, o que tudo se vê praticado nos exemplos acima. Não obstante ser esta regra tão universal, e constante, com tudo tem a sua excepção, como se vê nos seguintes nomes, que não são epi· cenos, como os mais.

Táta, o Pai. . . *Mudni-Pút*, o Rei de Portugal.
Máma, a Mãi. . *Muáni Cóngo*, o Rei do Congo.
Caiála, o Rapaz. . *Démbo*, o Potentado.

Qui·

Quilúmba, a Rapariga. . . *Sóva*, o Cabeça do povo.

Munúmie, o Marido. . . *Muvál*, a Mulher principal do Sova.

Mucági, a Mulher. . . *Sammaránça*, a segunda Mulher do Sova.

Riála, o Homem. . . . . *Sammaugila*, a terceira Mulher do Sova.

Mug'áttu, a Mulher. . . *Quilámba*, o Capitão da Guerra Preta.

Quiirléri, o Aio. . . . *Tendála*, o companheiro do Feitor.

Masséca, a Aia. . . . *Ngánga*, o Sacerdote.

Quimbál, o Feitor. . . *Nguvúlu*, o Governador.

Ngangúla, o Mestre Ferreiro. *Calfaiáci*, o Mestre Alfaiate.

Corumbólu, o Gallo. . . *Mestène*, o Mestre.

Sánc'i, a Gallinha.

Os Abundos não tem substantivo augmentativo; servem se do adjectivo *Quinéne*, quando querem augmentar alguma cousa, isto he, exprimilla em modo de comparativo; e para exprimirem esta mesma cousa em modo de superlativo, então juntão ao mesmo adjectivo *Quinéne* hum outro *nene*, e dizem assim *Riála Quinéne* homem zarrão, *Riála Quinéne-nene* homem muito grande: tem além disto os Abundos outro modo de exprimirem os seus comparativos, e he juntando a qualquer nome o adjectivo *Muéne* que significa mesmo v. g. *Riála Muéne* he mesmo homem: isto he, fallando de hum homem, que, ou em letras, ou em armas, ou em qualquer outra virtude, se tem distinguido entre os outros homens.

Não tem os Abundos substantivo diminutivo; quando porém querem fazer algum nome diminutivo, costumão pôr antes delle a particula *ca* v. g. *Ca-móna* o filho pequeno; outras vezes se servem do adjectivo *caféli*, como v. g. *Móna ca féli* filho pequeno; outras vezes se servem tanto da particula *ca*, como do adjectivo *caféli* v. g. *Ca-móna caféli* o filho pequeno, e quando querem fazer o nome mais diminutivo, então juntão ao mesmo adjectivo *ca-féli* hum outro *féli*, e dizem assim *Ca-móna ca-féli-féli* o filho pequeno recem-nascido: *Ca-ngúlu* o porco pequeno *Ca-ngúlu caféli* o porquinho mais pequeno, *Ca-ngúlu caféli-féli* o leitão.

sinho nascido de poucos dias : ainda costumão de huma outra maneira explicar os seus diminutivos , e he por huma negação v. g. *Petéro qui Riála quié* Pedro não he homem ; isto he , ou he de poucos talentos , ou de poucas forças , ou totalmente destituido de todas as boas qualidades , e isto em contraposição do modo , com que costumão algumas vezes exprimir os comparativos , que he por huma affirmação , como já dissemos v. g. *Riála muéne gué* he homem mesmo : advirta-se que he entre os Abundos hum conhecido despreso fallar a hum homem , ou a huma Mulher por termos deminutivos v. g. *Ca-iála* homemsinho, *Ca-g'áttu* mulhersinha.

TERCEIRA OBSERVAÇÃO

Da declinação dos artigos dos Abundos.

JA' dissemos que o artigo he huma palavra , que por si só nada significa , e que denota os generos , numeros , e casos dos nomes , a que precede ; tambem dissemos que o artigo Bundo he o mesmo para o genero masculino , como para o femenino , e que por isso não he pelo artigo que se conhece o genero do nome : agora só nos resta dizer os seus differentes casos em cada hum dos numeros.

Numero singular.		Numero plural.	
Nom.	O , Ia.	Nom.	Co, Ja, Cuá.
Gen.	Quiá , Riá , Iá , Guá.	Gen.	Quiáji, Cuá, Ja.
Dat.	A , Iá.	Dat.	O , Cuá.
Acc.	O , Ia.	Acc.	Co, Cuá, Já.
Voc.	He.	Voc.	He.
Ablat.	Co , Mo , Bu , Ia , Guá.	Ablat.	Co, Mo, Bu, Cuá, Já.

Este he pois o artigo que tanto serve para o genero masculino , como para o femenino , o que claramente se vê nos seguintes exemplos.

	Numero singular.	
Nom.	*O Riála*	o Homem.
Gen.	*Riá Riála*	do Homem.
Dat.	*A Riála*	ao Homem.
Acc.	*O Riála*	o Homem.
		Voc.

| Voc. | He Riála | . . . . | ó Homem. |
| Ablat. | Co Riála | . . . . | ao Homem. |

Numero plural.

Nom.	Co Mála	. . . .	os Homens.
Gen.	Quiá Mála	. . . .	dos Homens.
Dat.	O Mála	. . . .	aos Homens.
Acc.	Co Mála	. . . .	os Homens.
Voc.	He Mála	. . . .	ó Homens.
Ablat.	Co Mála.	. . . .	dos Homens.

Numero singular.

Nom.	O Mug'áttu	. . . .	a Mulher.
Gen.	Riá Mug'áttu	. . . .	da Mulher.
Dat.	A Mug'áttu	. . . .	á Mulher.
Acc.	O Mug'áttu	. . . .	a Mulher.
Voc.	He Mug'áttu	. . . .	ó Mulher.
Ablat.	Co Mug'áttu	. . . .	da Mulher.

Numero singular.

Nom.	Co Ag'áttu	. . . .	as Mulheres.
Gen.	Já Ag'áttu	. . . .	das Mulheres.
Dat.	O Ag'áttu	. . . .	ás Mulheres.
Acc.	Co Ag'áttu	. . . .	as Mulheres.
Voc.	He Ag'áttu	. . . .	ó Mulheres.
Ablat.	Co Ag'áttu	. . . .	das Mulheres.

O artigo iá Bundo em todos os casos do singular excepto o caso vocativo, he como hum artigo universal, que muitas vezes os Abundos põem sem alguma necessidade, como v. g. o Móna c'biámi iá Mug'áttu, que em Portuguez quer dizer: a filha minha a femea; onde se vê que o artigo iá posto antes do adjectivo Mug'áttu femea, não he necessario, não obstante os Abundos muitas vezes o põem, porque lhes parece, que assim fallão com mais energia; o mesmo artigo iá em os outros casos faz as vezes do artigo, como v. g. H'úta iá Petéro espingarda de Pedro: neste exemplo o dito artigo iá bem se vê, que faz as vezes do artigo do genetivo quiá, ou riá. O mesmo succede nos casos do plural com o artigo cuá, que os Abundos usão varias vezes no caso nominativo sem alguma necessidade, e outras vezes o põem em lugar do artigo, do caso, &c.

QUAR-

QUARTA OBSERVAÇÃO

Da terminação dos nomes Abundos.

T Em. cada hum dos. nomes Abundos huma só terminação, sempre a mesma em todos os casos , .e em.ambos os numeros tanto. do singular, como do plural, os quaes sómente se distinguem pelo artigo , e letra inicial de cada hum delles v.!g. .*Ridla* o homem,. em todos os casos do singular he sempre o mesmo como fica dito, e só pelo artigo he que se distinguem .huns dos outros : conseguintemente no plural , que em todos os casos .he *Mála* os homens, como se lê. no exemplo acima.; donde se infere que he o artigo , e a letra inicial que determina tanto. os casos, como o numero dos nomes.

QUINTA OBSERVAÇÃO

Do numero das declinações , e das vozes dos nomes Abundos.

A S declinações dos nomes Abundos parece serem quatro , as quaes se distinguem humas das outras não .pela terminação , como. acontece em outras linguas; mas sim pelas letras iniciaes. Todos os nomes Abundos tem dous numeros singular , e plural , á excepção dos seguintes nomes, que os Abundos pluralizão com o nome adjectivo *Q'uiavúl*, cuja voz do plural he *iavúl* muitos.

Singular.	Plural.
Ménba , a agua.	*Ménba idvul* , muitas aguas.
Macútu , a mentira.	*Macútu iávul*, muitas mentiras.
Mab'ác'i , o sangue.	*Mab'ác'i iávul*, muito sangue.
Manhínca , o sangue.	*Manhínca idvul*, muito sangue.

.Ha tambem o nome Jibúngo , que carece do singular , que quer dizer os dinheiros, ou as moedas, se bem ha outro nome que significa o mesmo dinheiro , que pôr-se-ha entre os nomes da terceira declinacão; se ha pois outros nomes que carecem do singular, o plural, deve ser cousa rara.

Pri-

PRIMEIRA DECLINAÇÃO.

Todos os nomes da primeira declinação tem no singular por letra inicial hum *m*, e no plural hum *a*. Outros nomes desta mesma declinação conservão no plural a inicial do singular, mas mudão a segunda letra em *a*, como tudo se vê nos seguintes nomes.

Nomes Abundos que mudão a inicial em *a*.

Numero singular.	Numero plural.
O *Móna*, o Filho.	Co *Ana*, os Filhos.
O *Múca*, o Morador.	Co *Agua*, os Moradores.
O *Múttu*, a Pessoa.	Co *Áttu*, as Pessoas.
O *Mug'áttu*, a Mulher.	Co *Ag'áttu*, as Mulheres.
O *Mutúri*, o Viuvo, ou Viuva.	Co *Atúri*, os Viuvos, ou Viuvas.
O *Munzénza*, o Estrangeiro.	Co *Anzénza*, os Estrangeiros.
O *Mulúlu*, o Bisneto.	Co *Alúlu*, os Bisnetos.
O *Mulónqui*, o Exemplo.	Co *Alónqui*, os Exemplos.
O *Mubúndo*, o Negro.	Co *Abúndu*, os Negros.
O *Mundéle*, o Branco.	Co *Andéle*, os Brancos.
O *Macála*, o Carvão.	Co *Acála*, os Carvões.
O *Mubínhu*, o cabo de Enchada.	Co *Abínhu*, os cabos das Enchadas.
O *Mulundúri*, o Herdeiro.	Co *Alundúri*, os Herdeiros.
O *Muénhi*, o Hospede.	Co *Anhi*, os Hospedes.
O *Mulúnda*, a Ilha.	Co *Alúnda*, as Ilhas.
O *Macónca*, a Divida.	Co *Acónca*, as Dividas.
O *Mucáchi*, o Habitador.	Co *Acáchi*, os Habitantes.
O *Maribúndu*, Insecto que morde.	Co *Aribúndu*, os Insectos que mordem.
O *Mulaúla*, o Neto.	Co *Alaúla*, os Netos.
O *Búndo*, o Angolano.	Co *Abúndo*, os Angolanos.

Nomes Abundos desta primeira declinação, que conservão no plural a inicial do singular, e mudão a segunda letra em a letra *i* são os seguintes.

Singular.	Plural.
O *Ménba* , a Agua.	Carece.
O *Muffúnu* , o Officio.	Co *Miffúnu* , os Officios.
O *Muéru* , a Barba.	Co *Méáru* , as Barbas.
O *Mulónga* , a Palavra.	Co *Milónga* , as Palavras.
O *Muénbu* , a Alma, ou a Vida.	Co *Miénbu* , as Almas, ou as Vidas.
O *Mucc'íma* , o Coração.	Co *Micc'íma* , os Corações.
O *Mab'ác'i* , o Sangue.	Carece.
O *Manbínca* , o Sangue.	Carece.
O *Mucánda* , a Carta.	Co *Micánda* , as Cartas.
O *Mulóngo* , o Remedio.	Co *Minlóngo* , os Remedios.
O *Mongóngo* , o Espinhaço.	Co *Migóngo* , os Espinhaços.
O *Muzuéri* , o Fallador.	Co *Mizuéri* , os Falladores.
O *Muchíba* , a Arteria.	Co *Michíba* , as Arterias.
O *Muínu* , a Garganta.	Co *Mínu* , as Gargantas.
O *Múcc'i* , a Arvore.	Co *Mícc'i* , as Arvores.
O *Musúmbu* , o Beiço.	Co *Misúmbu* , os Beiços.
O *Mussúucu* , o Bico.	Co *Missúncu* , os Bicos dos Passaros.
O *Macútu* , a Mentira.	Carece.
O *Mucútu* , o Corpo.	Co *Micútu* . os Corpos.
O *Mulébu* , o Dedo.	Co *Milébu* , os Dedos.
O *Mútue* , a Cabeça.	Co *Mítue* , as Cabeças.
O *Mutúri* , o Viuvo.	Co *Mitúri* , os Viuvos.
O *Múnha* , o Espinho.	Co *Mínba* , os Espinhos.
O *Mussócu* , o Palmito.	Co *Missócu* , os Palmitos.
Carece.	Co *Míddia* , as Entranhas.

SEGUNDA DECLINAÇÃO.

Todos os nomes da segunda declinação tem no singular por letra inicial hum *n* , e no plural a syllaba *ji* , como se vê nos seguintes exemplos.

Numero singular.	Numero plural.
O *Ngánna* , o Senhor.	Co *Jingánna* , os Senhores.
O *Ngariáma* , o Pobre.	Co *Jingariáma* , os Pobres.
O *Ngánga* , o Sacerdote.	Co *Jingánga* , os Sacerdotes.

O

Numero singular.	Numero plural.
O Ndándu, o Parente.	Co Jindándu, os Parentes.
O Ngangúla, o Ferreiro.	Co Jingangúla, os Ferreiros.
O Ndéba, o Cabello.	Co Jindéba, os Cabellos.
O Ngíla, o Passaro.	Co Jingíla, os Passaros.
O Ngílla, o Caminho.	Co Jingílla, os Caminhos.
O Ngómbe, o Boi.	Co Jingómbe, os Bois.
O Nbúri, o Carneiro.	Co Jinbúri, os Carneiros.
O Ngúma, o Inimigo.	Co Jingóma, os Inimigos.
O Ngúlu, o Porco.	Co Jingúlu, os Porcos.
O Ngóngo, o Gemeo.	Co Jingónga, os Gemeos.
O Ngúnga, o Sino.	Co Jingúnga, os Sinos.
O Ngútu, a Colher.	Co Jingútu, as Colheres.
O Ngúsu, a Força.	Co Jingúsu, as Forças.
O Ngarióndo, a Súpplica.	Co Jingarióndo, as Súpplicas.
O Ngátto, o Gato.	Co Jingátte, os Gatos.
O Ngánc'i, o Soberbo.	Co Jingánc'i, os Soberbos.
O Nghígi, o Rio.	Co Jingbígi, os Rios.
O Nbúqui, a Abelha.	Co Jinbúqui, as Abelhas.
O Ndémbu, o Potentado.	Co Jindémbu, os Potentados.
O Nguvúlu, o Governador.	Co Jinguvúlu, os Governadores.
O Nvúnda, a Bulha.	Co Jinvúnda, as Bulhas.
O Nzála, a Fome.	Carece Nzála iávúl.
O Nbángi, a Ilharga.	Co Jinbángi, as Ilhargas.
O Ndúnda, o Murro.	Co Jindúnda, os Murros.
O Ngubatéte, a Vespa.	Co Jingubatéte, as Vespas.
O Ngachácha, o Espirro.	Co Jingachácha, os Espirros.
. . . . . Carece.	Co Jibúngu, os Dinheiros.

Os seguintes nomes devem pertencer a esta mesma declinação, porque todos tem a syllaba inicial do numero plural ji, ainda que no singular tenhão huma inicial differente do n.

Numero singular.	Numero plural.
O H'ógi, o Leão.	Co Jib'ógi, os Leões.
O Tettambúca, a Estrella.	Co Jitettambúca, as Estrellas.
O H'áchi, o Doente.	Co Jib'áchi, os Doentes.
O Pámbu, o Caminho.	Co Jipámbu, os Caminhos.
O Mónso, a Casa.	Co Jínso, as Casas.

Numero singular.	Numero plural.
O *Táta*, o Pai.	Co *Jitáta*, os Pais.
O. *Máma*, a Mãi.	Co *Jimáma*, as Mãis.
O *Pánch'i*, o Irmão.	Co *Jinpánc'hi*, os Irmãos.
O *Cúcu*, o Avô, ou Avó.	Co *Jicúcu*, os Avôs, ou Avós.
O *Imbua*, a Cadella.	Co *Jimbua*, as Cadellas.
O *Zámba*, o Elefante.	Co *Jinzámba*, os Elefantes.
O *Póllu*, a Cara.	Co *Jipóllu*, as Caras.
O *Bínsa*, a Camisa.	Co *Jibínsa*, as Camisas.
O *Pónda*, a Cinta.	Co *Jipónda*, as Cintas.
O *Fellisúcu*, a Verdura.	Co *Jifellisúcu*, as Verduras.
O *Sóssu*, a Faisca.	Co *Jisóssu já Túbia*, as Faiscas de fogo.
O *Dulúlu*, o Fel.	Co *Jindulúlu*, os Feis.
O. *H'ónomi*, o Genro.	Co *Jih'onómi*, os Genros.
O *H'uéri*, o Cunhado.	Co *Jih'uéri*, os Cunhados.
O *Támbi*, o Choro.	Co *Jitámbi*, os Choros.
O *Imbia*, a Panella.	Co *Jimbia*, as Panellas.
O *Túllu*, o Peito.	Co *Jitúllu*, os Peitos.
O. *H'éte*, a Curiosidade.	Co *Jih'éte*, as Curiosidades.
O. *Zúndu*, o Figado.	Co *Jizúndn*, os Figados.

TERCEIRA DECLINAÇÃO.

Todos os nomes Abundos, que no singular tiverem por letra inicial hum *q*, hão-de no plural ter hum *i*, e pertencem á terceira declinação, como são os seguintes nomes.

Numero singular.	Numero plural.
O *Quiánsu*, o Ninho.	Co *Iánsu*, os Ninhos.
O *Quisúa*, o Dia.	Co *Isúa*, os Dias.
O *Quippúna*, o Joelho.	Co *Ippúna*, os Joelhos.
O *Quináma*, a Perna.	Co *Ináma*, as Pernas.
O *Quiatogála*, o Dóce.	Co *Iatogála*, os Dóces.
O *Quiála*, a Unha.	Co *Iála*, as Unhas.
O *Qairíncu*, a Mandioca.	Co *Iríncu*, as Mandiocas.
O *Químa*, a Cousa.	Co *Ima*, as Cousas.
O *Quigílla*, o Preceito.	Co *Igílla*, os Preceitos.
O *Quiba*, a Pelle.	Co *Iba*, as Pelles.

O

Numero singular.	Numero plural.
O Quibúngu, o Lobo.	Co Ibúngu, os Lobos.
O Quitúxi, o Peccado.	Co Itúxi, os Peccados.
O Quissúcc'i, o Hombro.	Co Issúcc'i, os Hombros.
O Quitéque, o Idolo.	Co Itéque, os Idolos.
O Quiffúba, o Osso.	Co Iffúba, os Ossos.
O Quilúngi, o Juizo.	Co Ilúngi, os Juizos.
O Quissénde, o Calcanhar.	Co Issénde, os Calcanhares.
O Quittangána, o Intervallo.	Co Ittangána, os Intervallos.
O Quichínda, o Escarro.	Co Ichínda, os Escarros.
O Quiffúlu, a Escuma.	Co Iffúlu, as Escumas.
O Quissúla, a Esterilidade.	Co Issúla, as Esterilidades.
O Quiffúmbe, o Ladrão.	Co Iffúmbe, os Ladrões.
O Quilénde, o Cacho de fruta.	Co Ilénde, os Cachos das frutas.
O Quichíma, o Poço.	Co Ichíma, os Poços.
O Quichíma, a Fonte de agua.	Co Ichíma, as Fontes das aguas.
O Quicútu, o Conselho máo.	Co Icútu, os Conselhos máos.
O Quiffiquíla, o Conselho bom.	Co Iffiquíla, os Conselhos bons.
O Quimatúnda, a Decencia.	Co Imatúnda, as Decencias.
O Quissássa, o Mato.	Co Issássa, os Matos.
O Quissássa, a Arvore.	Co Issássa, as Arvores.
O Quicúnda, a Entrega.	Co Icúnda, as Entregas.
O Quilembequétta, a Sombra.	Co Ilembequétta, as Sombras.
O Quilúmba, a Rapariga.	Co Ilúmba, as Raparigas.
O Quigiríla, a Inclinação.	Co Igiríla, as Inclinações.
O Quiquésse, o Caracol.	Co Iquésse, os Caracoes.
O Quiáncu, a Palha.	Co Iáncu, as Palhas.
O Quicúsa, o Gago.	Co Icúsa, os Gagos.
O Quittúla, a Flor.	Co Ittúlu, as Flores.
O Quiméga, a Frigideira.	Co Iméga, as Frigideiras.
O Quiffufúnha, a Gengiva.	Co Iffufúnha, as Gengivas.
O Quilangrílu, o Guarda.	Co Ilangrílu, os Guardas.
O Quissuchínu, a Bexiga.	Co Issuchínu, as Bexigas.
O Quingóngo, a Bexiga, Papúla.	Co Ingóngo, as Bexigas, Papíle, aru.
O Quitári, o Dinheiro.	Co Itári, os Dinheiros.
O Quizávu, o Bofe.	Co Izávu, os Bofes.

QUARTA DECLINAÇÃO.

Todos os nomes que no singular tiverem por letra inicial hum *r*, hão-de ter no plural hum *m*, e pertencem á quarta declinação, como se vê nos seguintes exemplos, tornando-se a advertir que a primeira syllaba do singular, se deve pronunciar brandamente, isto he, que não se deve carregar muito a lingua sobre a inicial *r*, como já se disse na primeira observação.

Numero singular.	Numero plural.
O *Ríssu*, o Olho.	Co *Méssu*, os Olhos.
O *Rítui*, a Orelha.	Co *Mátui*, as Orelhas.
O *Ríchu*, o Dente.	Co *Máchu*, os Dentes.
O *Ritáma*, a Face.	Co *Matáma*, as Faces.
O *Rírimi*, a Lingua...	Co *Marími*, as Linguas.
O *Ricánu*, a Boca.	Co *Macánu*, as Bocas.
O *Risúnu*, o Nariz.	Co *Masúnu*, os Narizes.
O *Riéle*, a Teta.	Co *Méle*, as Tetas.
O *Rísue*, a Voz.	Co *Másui*, as Vozes.
O *Rivúmu*, a Barriga.	Co *Mavúmu*, as Barrigas.
O *Ricóchi*, o Cachaço.	Co *Macóchi*, os Cachaços.
O *Ricúnda*, a Costella.	Co *Macúnda*, as Costellas.
O *Ritácatáca*, a Coxa.	Co *Matácatáca*, as Coxas.
O *Rizezéla*, a Bába.	Co *Mazezéla*, as Babas.
O *Ribúbu*, o Mudo.	Co *Mabúbu*, os Mudos.
O *Ribúmbu*, o Nó.	Co *Mabúmbu*, os Nós.
O *Rissóla*, o Eleito.	Co *Massólla*, os Eleitos.
O *Ritáta*, a Escusa.	Co *Matáta*, as Escusas.
O *Rivítu*, a Porta.	Co *Mavítu*, as Portas.
O *Ricúndu*, o Circulo.	Co *Macúndu*, os Circulos.
O *Rinfúla*, a Cosinha.	Co *Maufúla*, as Cosinhas.
O *Ricóa*, a Côr.	Co *Macóa*, as Cores.
O *Ricánga*, a Jornada.	Co *Macánga*, as Jornadas.
O *Ricánca*, a Distancia.	Co *Macánca*, as Distancias.
O *Ricánda*, o Passo.	Co *Macánda*, os Passos.
O *Ricánda iá Quináma*, a Planta do pé.	Co *Macánda iá Ináma*, as Plantas dos pés.
O *Ricánda iá Lucácu*, a Palma da mão.	Co *Macánda iá Mácu*, as Palmas das mãos.

O

Numero singular.	Numero plural.
O *Ricánca*, o Campo.	Co *Macánca*, ós Campos.
O *Riáqui*, o Ovo.	Co *Maiéqui*, os Ovos.
O *Ricámba*, o Camarada.	Co *Macámba*, os Camaradas.
O *Riténda*, a Peça de artelheria.	Co *Maténda*, as Peças de artelheria.
O *Rissíncu*, o Buraco.	Co *Massíncu*, os Buracos.
O *Ricúngu*, o Barranco.	Co *Macúngu*, os Barrancos.
O *Ricúngu*, a Barroca.	Co *Macúngu*, as Barrocas.
O *Ricáta*, o Doente.	Co *Mucáta*, os Doentes.
O *Rig'óuc'io*, a Banana.	Co *Mag'óuc'io*, as Bananas.
O *Ritému*, a Enchada.	Co *Matému*, as Enchadas.
O *Ricóta*, o Maior.	Co *Macóta*, os Maiores.
O *Riúlu*, o Ceo.	Co *Maúlu*, os Ceos.
O *Ribóndo*, a Vespa.	Co *Maribóndo*, as Vespas.
O *Ríffu*, a Folha.	Co *Máffu*, as Folhas.
O *Rié*, a Palmeira.	Co *Máie*, as Palmeiras.
O *Rilónga*, o Prato.	Co *Malónga*, os Pratos.
O *Rissánga*, o Pote.	Co *Massánga*, os Potes.
O *Ritamína*, a Tigella.	Co *Matamína*, as Tigellas.
O *Ribéngu*, o Rato.	Co *Mabéngu*, os Ratos.
O *Rilénzu*, o Lenço.	Co *Malénzu*, os Lenços.
O *Ricúmba*, o Cadeado.	Co *Macúmba*, os Cadeados.
O *Ritári*, a Pedra.	Co *Matári*, as Pedras.
O *Richíta*, a Fogueira.	Co *Machíta*, as Fogueiras.
O *Ríchi*, o Fumo.	Co *Maríchi*, os Fumos.
O *Ríchi*, a Fumaça.	Co *Maríchi*, as fumaças.
O *Riffúla*, o Gosto.	Co *Maffúla*, os Gostos.
O *Richóssi*, a Lagrima.	Co *Machóssi*, as lagrimas.
O *Ribúca*, a Lombriga.	Co *Mabúca*, as Lombrigas.
O *Rittuttúla*, a Fantasia.	Co *Mattuttúla*, as Fantasias.

Ha alguns outros nomes, que no singular começão por letra differente das quatro iniciaes apontadas nas regras das declinações; porém como no plural hão-de ter por inicial algumas já referidas nas mesmas declinações; para não multiplicarmos pois o numero dellas sem necessidade, devemos ter como regra geral, que pertencem á primeira declinação não só os nomes, que no singular tem a letra *m* por inicial; como tambem todos aquelles, que no plural co-

começão pela letra *a*, ou a syllaba *mi*, ainda que no singular não comecem pela letra *m*. Igualmente devemos ter que pertencem á segunda declinação todos aquelles nomes, que no plural começão pela syllaba *ji* posto que a letra inicial do singular não seja hum *m*. Pela mesma razão devemos dizer que pertencem á terceira declinação todos aquelles nomes, que tem no plural por letra inicial hum *i* posto que no singular não comecem por hum *q*: finalmente pertencem á quarta declinação todos aquelles nomes que tendo no Plural hum *m*, por letra inicial; com tudo no singular começão por outra sem que seja hum *r* : v. g. pertence á primeira declinação o nome *Bundo*, que quer dizer o Angolano., porque se bem no singular não tenha a inicial *m*, com tudo no plural tem a inicial *a*, *Abundo* os Angolanos. Todos os nomes de diversas letras iniciaes, que pertencem á segunda declinação, se achão notados ao pé della : pela terceira declinação ainda se não descobrírão outros nomes de differentes iniciaes, que lhes pertenção ; os que pertencem pois á quarta declinação são os seguintes.

Numero singular.	Numero plural.
O *Ussúcu*, a Noite.	Co *Maussúcu*, as Noites.
O *Cuvúndu*, o Escuro.	Co *Muvúndu*, as Trevas.
O *Lucácu*, a Mão.	Co *Mácu*, as Mãos.
O *Túbia*, o Fogo.	Co *Matúbia*, os Fogos.
O *Lucúcci*, a Bofetada.	Co *Malucúcci*, as Bofetadas.
O *Cuffúnda*, a Polvora.	Co *Maffúnda*, as Polvoras.
O *Cúria*, o Comer.	Co *Macúria*, os Comeres.
O *Cunéte*, a Gordura.	Co *Macunéte*, as Gorduras.

E assim outros muitos de cada huma das sobreditas quatro declinações, que com o uso se aprenderáõ ; como tambem muitas outras excepções, que posto que o Author as não conheça, com tudo não se atreve a affirmar, que as não hajão.

SEXTA OBSERUAÇÃO

Dos nomes adjeſtivos Abundos.

COnstão os adjectivos Abundos de dous numeros singular, e plural, e cada hum delles por todos os seus casos invariavel na sua:

ter-

terminação, e só se distinguem unicamente pelas letras iniciaes v.
g. *Mundéle* branco, *Andéle* brancos, sendo sempre por todos os
casos do plural *Andéle*, como o he por todos os casos do singular *Mundéle*: *Riála Mundéle* homem branco, *Mála Andéle* homens brancos; *Mug'áttu Mundéle* mulher branca, *Ag'áttu Andéle* mulheres brancas.

O adjectivo divide-se em partitivo, que he aquelle que significa parte de alguma multidão v. g. *Rimóchi* hum, *Maiári* dous,
Cuénqui algum.

Tambem se divide em adjectivo de qualidade, e de quantidade; os de qualidade são entre outros os seguintes:

Numero singular.	Numero plural.
Q'uiambót, ou *C'hiambót*, Bom.	*Iambót*, Bons.
Q'uiaiíba, Máo.	*Iaiíba*, Máos.
Quiachíri, Cujo.	*Iachíri*, Cujos.
Quiazéle, Limpo.	*Iazéle*, Limpos.
Quidbbí, Maduro.	*Idbbi*, Maduros.
Quiag'uíssu, Verde.	*Iag'uíssu*, Verdes.

Adjectivos de quantidade.

Q'uidtul, Pouco.	*Idtul*, Poucos.
Q'uiavúl, Muito.	*Iavúl*, Muitos.
Quifúchi, Multidão.	*Ifúchi*, Multidões, e outros mui- tos que o uso ensinará.

Divide-se mais ó adjectivo em numeral; que he o que significa o numero; quando o numéro he indeterminado, chama-se numeral cardeal v. g.

Móchi, hum.	*Macúnhi aidri ne móchi*, 21.
Idri, dois.	*Macúnhi aidri ne idri*, 22.
Tátu, tres.	*Macúnhi aidri ne tátu*, 23.
Uána, quatro.	*Macúnhi aidrl ne udna*, 24.
Itdnu, cinco.	*Macúnhi aidri ne Itdnu*, 25.
Samdnnu, seis.	*Macúnhi aidri ne Samdnnu*, 26.
Sambudri, sete.	*Macúnhi aidri ne Sambudri*, 27.
Náqui, oito.	*Macúnhi aidri ne ndqui*, 28.

Ivvua, nove.   Macúnbi aiári ne Iuuua, 29.
O Cúnbi, dez.   O Macúnbi atátu, 30.
Cúnbi ne móchi, onze.   Macúnbi atátu ne móchi, 31.
Cúnbi ne idri, doze.   Macúnbi atátu ne idri, 32.
Cúnbi ne tátu, treze.   O Macúnbi aguána, 40.
Cúnbi ne uána, quatorze.   O Macúnbi atánu, 50.
Cúnbi ne itánu, quinze.   O Macúnbi tamánnu, 60.
Cúnbi ne samánnu, dezaseis.   O Macúnbi sambuári, 70.
Cúnbi ne sambuári, dezasete.   O Macúnbi náqui, 80.
Cúnbi ne náqui, dezoito.   O Macúnbi i'vvua, 90.
Cúnbi ne ívvua, dezanove.
O Macúnbi aiári, vinte.
H'áma, cem.   H'áma jiári, 200.
H'áma jitátu, trezentos.   H'áma juána, 400.
H'áma jitánu, quinhentos.   H'áma samánu, 600.
H'áma sambuári, setecentos.   H'áma náqui, 800.
H'áma ívvua, novecentos.   O H'úlucági, 1000.
H'úlucági, mil.   H'úlucági maiári, 2000.
H'úlucági matátu, tres mil.   H'úlucági maguána, 4000, etc.

Quando porém b numero be corto, e determinado chama-se numeral ordinal v. g.

Quiamochitéti, ou, Quiamó-   Quiamochiidri, ou, Quiaidri,
chi, o primeiro.   o segundo.
Quiamochitátu, ou, Quistá-   Quiamochigúna, ou, Quia-
tu, o terceiro.   guana o quarto.
Quiamochitánu, ou, Quiatá-   Quiamochisamánnu, ou, Quia-
nu, o quinto.   samánnu o sexto.
Quiamochisambuári, ou, Quia-   Quiamochináqui, ou, Quiaua-
sambuári, o setimo.   qui, o oitavo.
Quiamochívvua, ou, Quiaív-   Quiamóchi-Cúnhi, ou, Quia-
vua, o nono.   cunhi, o decimo.
Quia-cúnhi ne móchi, o unde-   Quia-cúnhi ne idri, o duodeci-
cimo, etc.   mo, etc.

Tambem se divide em Patrio, e Gentilico. Patrio be aquelle que mostra donde alguem he natural v. g. Múca Ambácca o natural do Presidio de Ambacca; Múca Ndánc'i o natural do distritricto do Dande, *Muca Béngo*, o natural do districto dá Missão do Bengo, e assim muitos outros.

Gentilico he aquelle que declara a gente, ou Nação v. g. *Móxio Cóngo* Conguez, *Móxio Loánda* das visinhanças da Cidade de Loanda; *Quimbúndo*, da Nação dos Abundos.

Ha entre os Abundos hum uso mui particular relativo ao adjectivo; consiste este em ser muitas vezes o adjectivo suceptivel da syllaba inicial do substantivo, com que concorda, ou está unido v. g. *Móchi* hum, *Riála* Homem, tomando a syllaba inicial *Ri* do Nome *Riála*, e juntando-a ao adjectivo *Móchi* pronuncião *Rimóchi*, e em vez de dizerem *Riála Móchi*, dizem *Riála Rimóchi* hum homem: Quando o adjectivo concorda com o substantivo *Químa* cousa, a syllaba *Qui* que he a inicial ajuntão-na ao adjectivo *Móchi*, e dizem assim *Químa Quimóchi* huma cousa, posto que tambem dizem *Químa Móchi*, mas he muito raras vezes: Da mesma fórma no plural, quando querem dizer duas Mãos, ou ambas as Mãos dizem *Mácu Maiári*, em vez de dizerem *Mácu iári*: Ora isto não só em quanto ao adjectivo *Móchi*, mas sim em quanto a todos os outros, pois o uso he geral, e proprio dos adjectivos Abundos.

SETIMA OBSERVAÇÃO.

Do pronome e suas differenças.

Pronome he o que se põe na Oração para representar a mesma cousa em si, e não para lhe declarar alguma qualidade v. g. *Petéro udla cuséca*, *Muéne udla ucáta* Pedro está a dormir, o mesmo está doente; donde se collige que o pronome *Muéne* o mesmo está em lugar de Pedro.

Divide-se o pronome em demonstrativo, reciproco, possessivo, e interrogativo.

Pronome demonstrativo he aquelle que mostra a pessoa, ou cousa que rege a Oração v. g. *En.mi rghissonéca o Mucánda* eu escrevo a carta, donde se infere que o pronome *Emmi* eu, he demonstrativo; porque mostra a pessoa que escreve.

Declinação do pronome demonstrativo da primeira pessoa *Emmi*, eu.

Numero singular.

Nom.	Emmi, eu.
Gen.	Rèd-mi, de mim.
Dat.	A-mi, a mim.
Acc.	Pal-émmi, para mim.
Voc.	. . . carece.
Ablat.	Né-mi, comigo.

Numero plural.

Nom.	Ettu, nós.
Gen.	Já-éttu, de nós.
Dat.	Co-éttu, a nós.
Acc.	Pal-éttu, para nós.
Voc.	. . . carece.
Ablat.	Ne-éttu, comnosco.

Declinação do pronome demonstrativo da segunda pessoa Eié, tu.

Numero singular.

Nom.	Eié, tu.
Gen.	R-ié, de ti.
Dat.	A-ié, a ti.
Acc.	Pala-ié, para ti.
Voc.	. . . carece.
Ablat.	Ne-ié, comtigo.

Numero plural.

Nom.	Enu, vós.
Gen.	Já-énu, de vós.
Dat.	Co-énu, a vós.
Acc.	Pâla-énu, para vós.
Voc.	. . . carece.
Ablat.	Ne-énu, comvosco.

Declinação do pronome demonstrativo da terceira pessoa U'na elle.

Numero singular.

Nom.	Una, elle, ou, aquelle.
Gen.	Ri-úna, delle.
Dat.	A-úna, a elle.
Acc.	Pâla-úna, para elle.
Voc.	. . . carece.
Ablat.	Co-úna, delle.

Numero plural.

Nom.	Ana, elles, ou aquelles.
Gen.	Já-ána, delles.
Dat.	Co-ána, a elles.
Acc.	Pâla-ána, para elles.
Voc.	. . . carece.
Ablat.	Co-ána, delles.

São tambem pronomes demonstrativos os seguintes:

Numero singular.

Nom.	Yó, este.
Nom.	Muéne, o mesmo.
Nom.	Uomucuá, o outro.

Numero plural.

Nom.	Ayó, estes.
Nom.	Amuéne, os mesmos.
Nom.	Acuá, os outros.

O pronome reciproco, que os Grammáticos dizem ser aquelle, que exprime a relação que huma cousa tem comsigo mesma, parece
não

não o terem os Abundos, e que em seu lugar se servem do pronome demonstrativo *Muéne* mesmo.

Pronome possesivo he aquelle que exprime qual seja o senhor,
ou possuidor da cousa v. g. *Ghiabanéne o pócu c'hidmi a Petére*,
tenho dado a minha faca a Pedro, onde a palavra *c'hidmi* minha,
he pronome possessivo, porque declara quem he o senhor da faca.
São pronomes possessivos os seguintes:

Numero singular.	Numero plural.
Nom. *Q'uidmi*, ou, *C'hidmi*, meu, ou, minha.	Nom. *Idmi*, meus, ou minhas.
Nom. *Quiidie*, teu, ou tua.	Nom. *Idje*, teus, ou tuas.
Nom. *Quiénu*, vosso, ou vossa.	Nom. *Iaiénu*, vossos, ou vossas.
Nom. *Quiéttue*, nosso, ou nossa.	Nom. *Iaiéttue*, nossos, ou nossas.
Nom. *Quiissúe*, nosso, ou nossa.	Nom. *Iaiessúe*, nossos, ou nossas.
Ablat. *Quidttue*, delle.	Ablat. *Iaidttue*, delles.
Ablat. *Quidu*, daquelle.	Ablat. *Iaidu*, daquelles.

Do pronome relativo.

Pronome relativo he aquelle que traz á memoria o nome sub-
tantivo: parece ser em Búndo o pronome *Quué*, ou *Cué* que significa qual, e tambem *Cuénqui*, ou *Quuénqui* que significa qualquer, v. g. *Uyza múttu imóchi ria-énu*, venha huma pessoa
de vós; ora a isto costumão responder os Abundos *Cué*, isto he,
qual pessoa ha de ser de nós? o que mandou, responde: *Uyza Múttu cuénqui ria-énu*, venha qualquer de vós: onde claramente se
vê que a palavra *Cué* he entre os Abundos hum pronome relativo.
Tambem outras vezes se servem do pronome *Muéne* mesmo.

Do pronome interrogativo.

Pronome interrogativo he aquelle por meio do qual se pergunta alguma cousa v. g. *H'i uamatequéle o Cálacála?* Quem principiou o trabalho? a palavra *H'i* quem, he pronome interrogativo,
por-

porque serve para perguntar, quem he que principiou o trabalho, ou outras cousas. São pronomes interrogativos os seguintes:

H'i, quem?   *Ih'b'i*, que tens, ou que queres?

Ih'nbi, quem he?   *Ih'nbái*, que cousa he?

Ih'ná, que cousa tem?   *Cui*, qual?

H'i ubéca, que traz.   *Quieúcc'i*, quanto? ou quando?

Guandála Quieúcc'i, quanto   *Quittangána Cúcc'i*, em que
queres?   tempo?

Cámbi cúcc'i, em que hora, etc.   *Quisúa cúcc'i*, em que dia? etc.

OITAVA OBSERVAÇÃO

Da natureza do verbo Bundo, e sua divisão.

Verbo he a voz, com que na oração significamos acção, affirmando huma cousa de outra, não he como o nome que se declina por casos; mas conjugase por modos, tempos, e pessoas.

O verbo divide-se em activo, e passivo. Verbo activo he o que denota a acção que alguem pratica v. g. *Fillia uabetéle á Paulo*, Francisco castigou a Paulo: onde se vê que a palavra *uabetéle* castigou, denota a acção que Francisco praticou em castigar a Paulo.

Verbo passivo he o que significa a acção, quando já vem da pessoa, ou cousa em que recahira primeiro v. g. *Paulo uamubéta pela filla*, Paulo foi castigado por Francisco; onde se vê, que a palavra *uamubéta* foi castigado, já suppõe a acção de Francisco em castigar a Paulo.

Pelo que pertence ao verbo passivo, pouco se póde dizer, porque he muito difficultoso de distinguir: assim mesmo daremos algumas regras, que possão servir de luz a todos aquelles, que quizerem ser uteis á Religião, e ao público, aperfeiçoando por isto esta obra de tanta importancia.

O verbo passivo dos Abundos, he o mesmo verbo activo com o accrescentamento de diversas particulas, que proferindo-as juntamente com o verbo activo, o fazem passivo. Quantas sejão estas particulas, e donde trazem a sua derivação, e se são, ou não geraes, he cousa esta muito difficultosa de se conhecer; e muito principalmente hum Estrangeiro, em quem he de presumir faltem aquelles conhecimentos necessarios, e muito mais por não ter a

quem

quem consultar, visto que só os Pretos he que fallão a lingua Bunda, e estes de ordinario dizem huma cousa por outra, ou por malicia, ou porque não conhecem a força da palavra: assim mesmo se persuade o Author, que as principaes difficuldades em conhecer, e distinguir bem o verbo passivo dos Abundos são, por não haver entre elles hum verbo, que corresponda ao dos Latinos *Sum*, *es*, *fui*, ou se o ha, he tão irregular, que a cada passo se confunde com outros verbos; a pesar de haver, entre elles, quem diga, que o verbo *Cucála* que significa estar, e o verbo *Cúia* que significa ir, podem em differentes tempos, e modos, cada hum delles, fazer as vezes do sobredito verbo, mas não na significação do verbo ser, como v. g. *Ngacála émmi mucne* que quer dizer, estou eu mesmo, e não sou eu mesmo, e assim em todas as mais pessoas, excepto a terceira pessoa do plural, são, a qual explicão por hum termo, em que clara, e distintamente se percebe a sua rigorosa significação do verbo ser, como v. g. quando dizem, são dous, são tres, são quatro, são cinco, etc, dizem, *ené idri*, *ené tátu*, *ené uána*, *ené tánu*, etc. donde se infere que o termo *ené*, ou *iné* he, o de que se servem para explicarem a terceira pessoa do plural do presente indicativo do verbo ser, o qual nem se deriva do verbo *Cucála* estar, nem do verbo *Cúia* ir. Da mesma fórma se servem os Abundos no preterito do verbo ser, das vozes do preterito do verbo *Cúia* ir, para supprirem a falta das vozes do dito verbo ser, que para ser o dito verbo *Cúia* irregular faz a primeira pessoa singular, *Ghiandéle* fui, a segunda *Guandéle* foste, a terceira *Vandéle* foi; a primeira do plural *Tuandéle* fomos, a segunda *Nuandéle* fostes, a terceira *Andéle* fórão. Porém assim na terceira pessoa do singular, como na terceira do plural não sempre se servem das sobreditas vozes *Uandéle* foi, e *Andéle* fórão, ordinariamente na terceira pessoa do singular, querendo dizer: foi, servem-se dos termos *Ái*, ou, *Aié*, e quando querem dizer, não foi, servem-se do termo *Caié*; na terceira pessoa do plural; quando querem dizer, fórão, servem-se do termo *Aid*, e quando querem dizer, não fórão, usão do termo *Caiá*, em todas as demais pessoas usão das vozes do referido verbo *Cúia*; por cujo motivo, ou os Abundos tenhão, ou não tenhão hum verbo, que corresponda ao dos Latinos *sum*, *es*, *fui*, he certo que fazem delle muito pouco uso; quando pelo contrario frequentemente se servem das taes particulas, que juntando-as ao verbo activo o constitue passivo, ou

pa-

para dizer melhor ; se servem elles de varias adicções, humas pronunciadas em palavras unidas ao verbo, e outras distintamente, como que fossem verbos auxiliares, como v. g. o verbo *Cubéta* castigar, que tirada a primeira syllaba, e em seu lugar pondo-lhe a syllaba *Ngu* fica *Ngu-béta* eu castigo, primeira pessoa do presente do indicativo, v. g. *Emmi Ngubéta o Muhica c'hiámi*, eu castigo o meu escravo. Porém quando a pessoa Bunda quer explicar que foi castigada, e que he a que soffreo o castigo, já o verbo tem huma differente pronunciação, porque se lhe accrescenta huma adicção demais, v. g. *Emmi Ngu-amu-béta ngó*, eu sou castigado assim; donde se infere que o verbo *Ngu-béta* castigo, he o mesmo na significação passiva com a differença da adicção *amu*, que he quem o constitue passivo, a qual se deve sempre conservar em todos os modos, tempos, e pessoas como se póde colligir dos seguintes exemplos? *Gu-amu-béta ngó?* castiga-me assim ? *U-amu-béta ngó*, he castigado assim ; *Tu-amu-béta ngó*, somos castigados assim ; *Nu-amu-béta ngó* sois castigados assim ; *Amu-béta ngó* são castigados assim ? Preterito *Ghi-amu-beté-le ngó* fui castigado assim ; *Gu-amu-beté-le ngó* foste castigado sssim ; *U-amu-beté-le ngó* foi castigado assim ; Plural *Tu-amu-beté-le ngó* fomos castigados assim ; *Nu-amu-beté-le ngó* fostes castigados assim ; *Amu-beté-le ngó* forão castigados assim, etc., e desta fórma se continúa pelos outros tempos e modos ; por consequencia he de inferir, que a particula *amu* unida ao verbo *Cubéta* o constitue de activo passivo ; posto que se não saiba donde traga a sua origem ; nem tão pouco seja a unica adicção, por onde se conheção os verbos passivos ; porque ha muitas outras, que os distinguem, como v. g. *Cutumina* ser mandado, cujo activo he o verbo *Cutuma* mandar ; onde se vé que a adicção final *ina* he que o constitue passivo, a qual se deve guardar por todos os tempos, modos, e pessoas : outro tanto se deve dizer do verbo *Cuffucunúca* resuscitar, cuja passiva he *Cuffucunuqu-ina* ser resuscitado, onde claramente se vé, que a adicção final *ina* he quem o constitue passivo ; e assim muitos outros regidos desta mesma adicção, e de muitas outras, que o uso ensinará.

Se divide pois o verbo em affirmativo, e negativo e destes fallaremos mais abáixo.

NONA OBSERVAÇÃO.

Do numero das conjugações do verbos Abundos.

PArece serem tres as Conjugações dos verbos Abundos, as quaes se distinguem entre si pelos differentes principios das primeiras pessoas do presente do indicativo, sendo as demais pessoas do mesmo presente, e dos outros tempos, pelos seus differentes modos, sempre semelhantes no seu principio : ora estes principios, ou syllabas iniciaes são tres, isto he, *Nga*, *Nghi*, e *Ngu* por este motivo, e segundo a ordem do alfabeto pertencem á primeira conjugação todos aquelles verbos, que começarem pela syllaba *Nga* como v. g. os seguintes.

Bundo.	Portuguez.
Emmi Nga-andála	Eu quero.
Emmi Nga-bánca	Eu faço.
Emmi Nga-cála	Eu estou.
Emmi Nga-cálacála	Eu trabalho.
Emmi Nga-calanác'bin . . .	Eu tenho.
Emmi Nga-rióndo	Eu rogo.
Emmi Nga-ssumíca	Eu queimo.
Emmi Nga-chiquína . . .	Eu creio.
Emmi Nga-ffucunúca	Eu resuscito.
Emmi Nga-ffucunuqu-ína . .	Eu sou resuscitado.
Emmi Nga-ribála	Eu caio.
Emmi Nga-longolóla	Eu censuro, murmuro.
Emmi Nga-lónga	Eu ensino.
Emmi Nga-luríca	Eu me componho.
Emmi Nga zuáta	Eu me visto.
Emmi Nga-c'hiámba . . .	Eu digo.
Emmi Nga-chiála	Eu fico.
Emmi Nga-zuéla	Eu fallo.
Emmi Nga-nhána	Eu furto.
Emmi Nga-lúnda, etc. . .	Eu guardo, etc.

E muitos outros, que começando na primeira pessoa do pre-

G

sen-

sente pela syllaba *Nga* são pertencentes a esta primeira Conjugação.

Segunda Conjugação.

São da segunda Conjugação todos aquelles verbos , que na primeira pessoa do singular do presente indicativo começão pela syllaba *Nghi* como v. g. os seguintes.

Bundo.	Portuguez.
Emmi Nghi-nua	Eu bebo.
Emmi Nghi-ssámba	Eu rezo.
Emmi Nghi-gíba	Eu mató.
Emmi Nghi-gíma	Eu apago.
Emmi Nghi-dmba	Eu fallo.
Emmi Nghi-tánca	Eu conto.
Emmi Nghi-ffua	Eu morro.
Emmi Nghi-ambáta . . .	Eu carrego.
Emmi Nghi-ffíca	Eu comparo.
Emmi Nghi-vutúla	Eu refuto.
Emmi Nghi-ria	Eu como.
Emmi Nghi-séca	Eu durmo.
Emmi Nghi-tambúja . . .	Eu respondo.
Emmi Nghi-ia	Eu vou.
Emmi Nghi-móna	Eu vejo.
Emmi Nghi-bíuca	Eu peço.
Emmi Nghi-tála	Eu olho.
Emmi Nghi-ffúla	Eu gasto.
Emmi Nghi-ssumbissa . . .	Eu vendo.
Emmi Nghi-sslímba	Eu compro.
Emmi Nghi-lóla	Eu ensaio.
Emmi Nghi-báca	Eu metto.
Emmi Nghi-babáta	Eu toco.
Emmi Nghi-ssóta , etc . . .	Eu busco , etc.

E outros muitos pertencentes a esta segunda Conjugação, que começarem na primeira pessoa do singular do presente pela syllaba *Nghi*.

Terceira Conjugação.

Finalmente pertencem á terceira Conjugação todos aquelles verbos, que na primeira pessoa do presente do indicativo começarem pela syllaba *Ngu*, como v. g. os seguintes.

Bundo.	Portuguez.
Emmi Ngu-béta	Eu castigo.
Emmi Ngu-rigia	Eu sei.
Emmi Ngu-túnga	Eu morro.
Emmi Ngu-túnca	Eu fabrico.
Emmi Ngu-tacána	Eu busco.
Emmi Ngu-súmú	Eu mando.
Emmi Ngu-tumína	Eu sou mandado.
Emmi Ngu-cúna	Eu semeio.
Emmi Ngu-iculca	Eu planto.
Emmi Ngu-muééca	Eu approço.
Emmi Ngu-ami	Eu não quero.
Emmi Ngu-bánga	Eu pelejo.
Emmi Ngu-toghéla	Eu canto.
Emmi Ngu-téca	Eu tinjo.
Emmi Ngu-culúgi	Eu vario.
Emmi Ngu-cuabéssa	Eu aggrado.
Emmi Ngu-tequéta	Eu temo.
Emmi Ngu-tucumuquíssa . . .	Eu espanto.
Emmi Ngu-tucumúca	Eu abalho, assombro.
Emmi Ngu-muffúndu	Eu arrisco.
Emmi Ngu-ssúmu	Eu adevinho.
Emmi Ngu-béza	Eu adoro.
Emmi Ngu-tagulúla	Eu arroto.
Emmi Ngu-muchibíssa, etc. . .	Eu me compadeço, etc.

E todos aquelles que na primeira pessoa do singular do presente do indicativo começarem pela syllaba *Ngu*, pertencem a esta terceira Conjugação.

G ij

*Dos pronomes dos verbos , ou sinaes iniciaes das
pessoas dos mesmos verbos.*

Singular.	Plural.
1. Pessoa, *Nga* , *Nghi* , *Ngu.*	1. Pessoa, *Tu.*
2. Pessoa, *Gu.*	2. Pessoa, *Nu.*
3. Pessoa, *U.*	3. Pessoa, *A.*

DECIMA OBSERVAÇÃO

Dos modos , e tempos dos verbos Abundos.

OS modos mais conhecidos na lingua Bunda são os mesmos,
que nas outras linguas da Europa ; e por isso todos os verbos
Abundos se conjugão pelos modos. indicativo , imperativo , optativo , conjunctivo , e infinito.. A raiz da formação de todos os
tempos , em cada hum dos sobreditos modos , he o presente do
infinito , porque he regra geral que todos os verbos Abundos começão no infinito por huma das tres syllabas *Ca* , *Co* , *Cu* como
v. g.

Bundo.	Portuguez.
Cachiquína	Crer.
Congúnibo	Ausentar.
Cochómba	Desfavorecer.
Cobónha	Gotejar.
Colondequéssa	Guiar.
Cosómba	Escovar.
Cuiquíca	Plantar.
Cucúna	Semear.
Cubáca	Metter.
Euzóla	Amar.
Cuzuéla	Fallar.
Guicúta	Fartar.
Cúria	Comer.
Cussumíca	Queimar.
Cubánca	Fazer.
Cubánga	Pelejar.
Cussámba	Rezar.

Bundo.	Portuguez.
Culundúca	Cahir.
Culundumúna , ...	Saltar.
Cussanzumúna , ...	Estender.
Cutoghéla	Cantar.
Cuchíca	Tocar instrumento.
Cubabáta . . . . . ! . . .	Tocar com a mão.
Culúnda	Guardar.
Cumóna	Ver.

A syllaba *Cu* he a ordinaria inicial dos infinitos, raras vezes o são as syllabas *Co*, e *Ca*, esta ultima serve em maneira particular de inicial, quando se quer fazer que o verbo infinito affirmativo seja negativo, como diremos em seu lugar. Ora sendo assim, que as unicas tres syllabas são as iniciaes nos infinitos dos verbos, e que estes são a raiz da formação, vamos a mostrar, como delles se formão os tempos nos seus differentes modos.

Forma-se a segunda pessoa singular do imperativo de qualquer verbo, do presente do infinito, perdendo este a primeira syllaba inicial, ou *Ca*, ou *Cu*, v. g. *Cuiquíca* plantar, e *Cucúna* semear, tirando delles a syllaba inicial *Cu* fica *Iquíca* planta, *Cúna* semea; a terceira pessoa forma-se do mesmo infinito debaixo das mesmas circumstancias, com a differença de ser regida do pronome inicial *u*, e mudar em *e* o *a* final do verbo, como v. g. *U-cúne* semee elle, *U-bánque* faça elle; a primeira pessoa do plural forma-se do mesmo infinito, com a differença de estar o verbo mettido entre os dous pronomes, o inicial *Tu*, e o demonstrativo *Ettu*, como v. g. *Tu-cuné-ttu* semeemos nós, *Tu-banqu-éttu* façamos nós; a segunda pessoa do plural forma-se do mesmo infinito debaixo das referidas circumstancias, não mettendo pronome inicial, mas tão sómente o demonstrativo *énu* no fim do verbo, v. g. *Cuné-nu*, ou *Cun'-énu* semeai vós, *Banqu'-énu* fazei vós; a terceira pessoa do plural forma-se em fim do mesmo presente do infinito, mudando a terminação do verbo em *e*, como a constitue a terceira do singular, e sendo acompanhada do pronome inicial *A* v. g. *A-cúne* semeem, *A-bánque* fação. Eis aqui pois as differentes maneiras da formação de cada huma das pessoas do modo imperativo. Deve-se advertir que na segunda pessoa do plural, muitas vezes costuma acontecer, ou mudar-se a ultima syllaba em outra.

tra que sôe melhor ao ouvido , ou totalmente perder-se a ultima
letra do verbo , e seguir-se immediatamente o pronome demonstrativo *Enu* , vindo a primeira letra delle a supprir a que o verbo
perdeo : em quanto á primeira differença no mesmo verbo *Cubánca* se vê verificada ; por quanto devendo talvez ser a sobredita segunda pessoa do plural do imperativo *Banca-énu* , pelo máo som ,
e difficuldade de pronunciar se muda a ultima syllaba *ca* em *qu* ,
e se diz *Banqu-énu* fazei vós ; em quanto á segunda differença ,
que consiste em a mesma segunda pessoa do plural do imperativo ,
perder a ultima letra , claramente se vê no mesmo sobredito verbo
Cucína semear, como tambem no verbo *Cugía* saber ; em que de-
veriáo ser as segundas pessoas do plural *Cuna-énu* , e *Cugía-énu* ;
porém como são difficeis de pronunciar , e de máo som , costu-
máo por isso os Abundos tirar a ultima letra *a* do verbo , e lhe
unem immediatamente o pronome demonstrativo *Enu* , e pronun-
ciáo *Cun-énu* semeai vós, *Gi-énu* sabei vós.

Igualmente dos mesmos infinitos dos verbos se formão todos
os mais tempos pelos seus differentes modos : forma-se o presente
de qualquer dos tres modos indicativo , optativo , e conjunctivo ,
do mesmo infinito , perdendo este a primeira syllaba , que segundo
o que já dissemos , ha-de ser *Cu* , ou *Co* , ou *Ca* ; e conforme a
conjugação do verbo a que pertencer , ajuntando-se-lhe o pronome
inicial da primeira pessoa , que ha-de ser , ou *Nga* , ou *Nghi* , ou
Ngu , v. g. *Emmi Nga-andála* eu quero , *Emmi Nghi-ssámba*
eu rezo , *Emmi Ngu-cúna* eu semeio : são todas tres primeiras
pessoas do presente indicativo dos verbos *Cuandála* querer , *Cus-
sámba* rezar , e *Cucúna* semear : dissemos primeiras pessoas do indicativo , posto que tambem o sejão dos dous modos optativo , e
conjunctivo , precedendo ao pronome demonstrativo *Emmi* a particula *sé* , a qual he tão essencial nestes dous modos , que sem ella o presente , ou outro qualquer tempo não passa do indicativo ;
posto que o futuro do conjunctivo seja exceptuado , como diremos
em seu lugar : ora esta particula condicional affirmativa , muitas
vezes por idiotismo da lingua Bunda , he negativa ; por isso , todas as vezes que ella preceder o pronome demonstrativo , he affirmativa ; pelo contrario quando este mesmo pronome a preceder he
negativa v. g. *Sé émmi Nga-zóla* se eu amasse , ou que eu ame ,
he neste exemplo a particula *sé* condicional affirmativa ; porém se
dissessemos *E'mmi sé Nga-zóla* ; então a particula *sé* he negativa : eu não amo.
Sen-

Serão pois os pronomes iniciaes das primeiras pessoas de cada hum dos tempos pelos seus differentes modos, ou *Nga*, ou *Nghi*, ou *Ngu* conforme a conjugação a que pertence o verbo, o que tudo já mostramos em cada huma das regras competentes; e sendo, como tambem já dissemos, o pronome inicial da segunda pessoa do singular *Gu*, o da terceira *U*, o da primeira do plural *Tu*, o da segunda *Nu*, e finalmente o da terceira *A*; segue-se, que o preterito perfeito de qualquer das tres conjugações se fórma do infinito, que temos como raiz da formação de todos os tempos, perdendo este a primeira syllaba, e mudando algumas vezes a ultima syllaba de *ca* em *qu*, outras vezes a ultima letra sómente de *a* em *e*, para se lhe unir immediatamente a addicção final que pede o verbo, que de ordinario he a syllaba *le*, e raras vezes a syllaba *ne*, que sómente se usa quando o verbo terminar em *na*, *ne*, *no*, e *nu*, e em todas as mais terminações usão da final *le*: não obstante, deve-se advertir, que varias vezes se dispensão os Abundos de pronunciarem estas finaes *le* e *ne*, e se contentáo de fazer terminar o verbo em a letra *e*, de sorte que toda a essencia dos preteritos perfeitos a fazem consistir em ajuntar aos pronomes iniciaes hum a demais; portanto como o pronome inicial da primeira pessoa de todos os preteritos perfeitos dos verbos Abundos, sejão elles da primeira, segunda, ou terceira conjugação he sempre o *Nghi-a*; costumão os Abundos pronunciallo de tal fórma, que nunca soa o *N* inicial, julga-se que será por causa de fazer soar bem o *a*, que se accrescenta ao pronome inicial, e isto para guardarém a boa ordem, e som nas suas palavras, *v. g. Ghi-a banqué-le* tenho feito, primeira pessoa do perterito perfeito do verbo *Cubanca* fazer, onde claramente se vê verificado tudo quanto temos dito a respeito do modo de formar o perfeito perfeito: vemos o pronome inicial com o roubo da primeira letra *N*, vemos que ao mesmo pronome se lhe segue immediatamente a letra *a*; vemos a troca das ultimas syllabas; a syllaba *ca*, ou outra final, quando he, que se ha-de mudar em *qu* seguindo-se a vogal *e*; que em semelhantes trocas he indispensavel, e quando o verbo pede não sómente a mudança da ultima letra em a letra *e*; vemos tambem as syllabas finaes *le*, e *ne*, que devem acompanhar o verbo em todas as pessoas por ambos os números; vemos finalmente como os Abundos algumas vezes se dispensão de pronunciar as ditas syllabas finaes *le*. e *ne*, fazendo elles con-

consistir toda a essencia do perterito perfeito no pronome inicial *Ghi-a*, e na terminação do verbo em a letra *e*.

O futuro, tanto do modo indicativo, como do optativo se forma do infinito do verbo, precedido do pronome inicial, que he muitas vezes o mesmo que o do presente, e outras vezes he o inicial do perterito perfeito sem a letra *a*, mas táo sómente o *Ghi*, pois humas vezes sôa a inicial *N*, outras vezes não: á vista disto toda a essencia do verbo futuro a fazem consistir na particula *yza*, que usão por final do verbo em todas as pessoas de ambos os números: esta particula, ou adicção final *yza* vem do verbo *Cuyza* vir, com a qual costumão os Abundos auxiliar os futuros de todos os verbos, e até o do mesmo verbo *Cuyza*, como v. g. *Ngu-yza-yza* eu virei, *Gu-yza yza* tu virás, *U-yza-yza* elle virá, *Tu-yza-yza* nós viremos, *Nu-yza-yza* vós vireis, *A-yza-yza* elles virão. Porém deve-se advertir que tanto na Cidade de Loanda, como nas suas visinhanças já se tem introduzido o costume de pronunciar o verbo futuro sem a dita adicção final *yza*, em lugar della usão da particula *logo*, que tem adoptado do Portuguez, fazendo-a preceder ao mesmo pronome inicial, como v. g. *Logo-ghi-yza* eu virei, *Logo-gu yza* tu virás, *Logo-u-yza* elle virá, etc. onde se devem notar duas cousas, a primeira he que não sôa no pronome inicial a letra *N*, e a segunda, he que os Abundos na primeira pessoa do verbo futuro se servem indistintamente assim da inicial do presente, como da inicial do perterito perfeito sem o accrescentamento da letra *a*, á vista do que toda a essencia do futuro a fazem consistir na particula *logo*, ou *yza*.

No modo optativo os pronomes iniciaes, e finaes são os mesmos, que regem o indicativo em todos os seus tempos, com o accrescentamento da particula condicional *sé*, a qual tem o seu lugar antes do pronome demonstrativo, porque depois delle faria o verbo negativo, e não seria a dita particula sinal de modo optativo, como já mostramos em outra regra: estes mesmos pronomes, ou adicções são as que regem todo, e qualquer tempo do conjunctivo, excepto o futuro, que tem adicções particulares, as quaes são as seguintes pelas suas differentes pessoas em ambos os números; primeira *Quinghi*, segunda *Quiú*, terceira *Qui*; primeira *Quittu*, segunda *Quínu*, terceira *Quiá* v. g. *Quinghi-móna* quando eu vir; ora esta adicção da primeira pessoa do singular, muitas vezes perde a ultima syllaba, e isto he conforme o verbo

a

a que se ajunta, a fim de se guardar huma agradavel pronuncia, e haver hum bom som nas palavras; circunstancias em que os Abundos se esmerão v. g. *Emmi Quin-ghia* quando eu for, onde claramente se vê na addição o roubo da ultima syllaba *ghi*; *Eié Quitú-uia* quando tu fores, *Una Qui-úia* quando elle for; *Ettu Quitú-ia* quando nós formos, *Enu Quinú-ia* quando vós fordes, *Ana Quiá-ia* quando elles forem: deve-se notar, que nas tres pessoas do plural perde este verbo a letra inicial *u*, e isto pelas razões que já ponderamos a fim de se não perder o bom som nas palavras.

O infinito presente impessoal não tem addição alguma, como v. g. *Cuzóla* amar, *Pála Cuzóla* para amar,

O infinito presente pessoal tem as mesmas addições, que o verbo costuma ter nos mais modos, com a differença de que o pronome demonstrativo tem sempre o seu lugar depois do verbo v. g. *Nga-cuzóla émmi* amar eu, etc.

O infinito perfeito he auxiliado da particula *Amu* a qual não se sabe donde traga a sua derivação, e só sim que deve sempre pre estar antes do verbo, v. g. *Amu-cuzóla* ter amado; esta particula pois não só auxilia o preterito do infinito, como tambem alguns verbos passivos.

O futuro do infinito de qualquer verbo Bundo he auxiliado de dous verbos, que são o verbo *Cuquinga* esperar, e o verbo *Cuyza* vir: o primeiro sempre precede ao verbo, e por isso se tem como pronome, ou addição inicial, o segundo deve sempre estar depois do verbo, v. g. *Quinghi-cuzóla-cuyza* quando houver de amar, onde claramente vemos, o verbo *Cuzóla* amar, entre os dous verbos *Cuquinga* esperar, e *Cuyza* vir.

O participio, ou gerundio indeclinavel he auxiliado do verbo *Cuquinga* esperar, o qual porque faz as vezes de addição, ou pronome inicial deve sempre preceder o verbo, v. g. *Quinghi-zóla* amando, *Quinghi-séca* dormindo, *Quinghi-bánca* fazendo, etc.

O participio, ou gerundio declinavel sempre he acompanhado com huma das tres particulas *Essa*, *Quéssa*, *Issa*, e algumas vezes tambem *Zéssa* as quaes sempre são precedidas pelo mesmo verbo, v. g. *Cuzuel-éssa* o fallador, *Cutanqu-éssa* o contador, *Cusunib-íssa* o vendedor, etc.

Como em todas as Grammaticas, huma das maiores dificuldades he saber, e distinguir bem o número das Conjugações, e sendo na composição desta muitos os embaraços, que encontramos para com clareza, e methodo estabelecermos regras sufficientes, e bastantes para aplanarmos tão grande difficuldade; com tudo por estas mesmas regras, passamos a conjugar, pelos seus differentes tempos, e modos, hum verbo pertencente a cada huma das tres Conjugações, que poderão servir de grande soccorro para com facilidade se conjugarem todos: posto que das taboas que vão no fim desta se poderá tirar grande utilidade.

DO VERBO *Cubánca* FAZER DA PRIMEIRA CONJUGAÇÃO.

Modo indicativo presente.

Bundo.   Portuguez.

Numero singular.

Emmi Nga-bánca . . . . . . Eu faço.
Eié Gu-bánca . . . . Tu fazes.
Una U-bánca . . . . Elle faz.

Numero plural.

Ettu Tu-bánca . . . . . . Nós fazemos.
Euu Nu-bánca . . . . . . Vós fazeis.
Ana A-bánca . . . . Elles fazem.

Preterito perfeito.

N. s. *Emmi Ghi-a-banqué-le* . . Eu fiz, ou tenho feito.
     Eié Gu-a-banqué-le . . . Tu fizeste, ou tens feito.
     Una U-a-banqué-le . . . Elle fez, ou tem feito.
N. p. *Ettu Tu-a-banquéle* . . . Nós fizemos, ou temos feito.
     Enu Nu-a-banquélé . . . Vós fizestes, ou tendes feito.
     Ana A-banquéle . . . . Elles fizerão, ou tem feito.

Futuro.

N. s. *Emmi Nga-banqu-yza* . . Eu farei, ou hei-de fazer.
     Eié Gu-banqu-yza . . Tu farás, ou has-de fazer.
     Una U-banqu-yza . . . Elle fará, ou ha-de fazer.

Bun

Bundo.	Portuguez.
N. p. *Ettu Tu-banqu-yza* . . .	Nos faremos, ou havemos-de fa-zer.
Enu Nu-banqu-yza . . .	Vós fareis, ou haveis-de fazer.
Ana A-banqu-yza . . .	Elles farão, ou hão-de fazer.

Imperativo.

N. s. Carece	Careco.
Bánca	Faze tu.
U-bánque	Faça elle.
N. p. *Tu-banqu-éttu* . . .	Façamos nós.
Banqu-énu	Fazei vós.
A-bánque	Fação elles.

Modo optativo, e conjuntivo presente.

N. s. *Se émmi Nga-bánca* . .	Se eu fizesse, ou que eu faça.
Se Eié Gu-bánca . . .	Se tu fizesses, ou que tu faças.
Se Una U-bánca . . .	Se elle fizesse, ou que elle faça.
N. p. *Se Ettu Tu-bánca* . .	Se nós fizessemos, ou que nós fa-çamos.
Se Enu Nu-bánca . . .	Se vós fizesseis, ou que vós façais.
Se Ana A-bánca . . .	Se elles fizessem, ou que elles fa-ção.

Preterito perfeito.

N. s. *Se émmi Ghi-a-banquéle*	Se eu fizera, ou tivesse feito.
Se Eié Gu-a-banquéle .	Se tu fizeras, ou tivesses feito.
Se Una U-a-banquéle .	Se elle fizera, ou tivesse feito.
N. p. *Ettu Tu-a-banquéle* . .	Se nós fizeramos, ou tivessemos feito.
Se Enu Nu-a-banquéle .	Se vós fizereis, ou tivesseis feito.
Se Ana A-banquéle . .	Se elles fizerão, ou tivessem feito.

Futuro I.

N. s. *Se émmi Nga-banqu-yza*	Se eu fizer, ou tiver feito.
Se Eié Gu-banqu-yza .	Se tu fizeres, ou tiveres feito.
Se Una U-banqu-yza . .	Se elle fizer, ou tiver feito.

Bundó.	Portuguez.
N. p. *Se Ettu Tu-banqu-yza* .	Se nós fizermos, ou tivermos feito.
Se Enu Nu-banqu-yza .	Se vós fizerdes, ou tiverdes feito.
Se Ana A-banqu-yza .	Se elles fizerem, ou tiverem feito.

Futuro 2.

N. s. *Quinghi-bánca*	Quando eu tiver feito.
Quiú-bánca	Quando tu tiveres feito.
Qui-bánca	Quando elle tiver feito.
N. p. *Quittu-bánca*	Quando nós tivermos feito.
Quinu-bánca.	Quando vós tiverdes feito.
Quiá-bánca	Quando elles tiverem feito.

Infinito presente impessoal.

Cubánca	Fazer.

Infinito presente pessoal.

N. s. *Nga-cubánca émmi* . .	Fazer eu.
Gu-Cubánca Eié . . .	Fazeres tu.
U-Cubánca Una . . .	Fazer elle.
N. p. *Tu-Cubánça Ettu* . . .	Fazermos nós.
Nu-Cubánca Enu . . .	Fazerdes vós.
A-Cubánca Ana . . .	Fazerem elles.

Infinito preterito.

Amu-Cubánça	Ter feito.

Infinito futuro.

N. s. *Emmi Quinghi-Cubánca-yza*	Quando eu houver de fazer.
Eié Quiú-Cubánca-yza .	Quando tu houveres de fazer.
Una Qui-Cubánca-yza .	Quando elle houver de fazer.

Bun-

Bundo.	Portuguez.
N. p. *Ettu Quittu-Cubánca-yza*	Quando nós houvermos de fazer.
Enu Quinu-Cubánca-yza	Quando vós houverdes de fazer.
Ana Quiá-Cubánca-yza .	Quando elles houverem de fazer.

Participio indeclinavel.

Quinghi-bánca . . . . Fazendo.

Participio declinavel.

Cubanqu-éssa . . . . O que houver de fazer, ou tiver feito.

DO VERBO *Cucúna* SEMEAR DA SEGUNDA CONJUGAÇÃO.

Modo indicativo presente.

N. s. *Emmi Ngbi-cúna* . . .	Eu semeio.
Eié Gu-cúna	Tu semeias.
Una U-cúna	Elle semeia.
N. p. *Ettu Tu-cúna*	Nós semeamos.
Enu Nu-cúna	Vós semeais.
Ana A-cúna	Elles semeião.

Preterito perfeito.

N. s. *Emmi Gbi-a-cuné-ne* . .	Eu semeei, ou tenho semeado.
Eié Gu-a-cuné-ne . . .	Tu semeaste, ou tens semeado.
Una U-a-cuné-ne . . .	Elle semeou, ou tem semeado.
N. p. *Ettu Tu-a-cuné-ne* . .	Nós semeamos, ou temos semeado.
Enu Nu-a-cuné-ne . . .	Vós semeastes, ou tendes semeado.
Ana A-cuné-ne . . .	Elles semeárão, ou tem semeado.

Futuro.

N. s. *Emmi Ngbi-cúna-yza* . .	Eu semearei, ou hei-de semear.
Eié Gu-cúna-yza . . .	Tu semearás, ou has-de semear.
Una U-cúna-yza . . .	Elle semeará, ou ha-de semear.

Bun-

Bundo.	Portuguez.
N. p. *Ettu Tu-cúna-yza* .	Nós semearemos, ou havémos-de semear.
Enu Nu-cúna-yza . .	Vós semeareis, ou haveis-de semear.
Ana A-cúna-yza . . .	Elles semearáo, ou háo-de semear.

Imperativo.

N. s. Carece.	Carece.
Cúna	Semea.
U-cúna	Semee elle.
N. p. *Tu-cun-éttu* . . .	Semeemos nós.
Gun-énu	Semeai vós.
A-cúne	Semeem elles.

Modo optativo, e conjuntivo presente.

N. s. *Se Emmi Nghi-cúna* . .	Se eu semeasse, ou que semee.
Se Eié Gu-cúna . . .	Se tu semeasses, ou que semees,
Se Una U-cúna . . .	Se elle semeasse, ou que semee.
N. p. *Se Ettu Tu-cúna* . .	Se nós semeassemos, ou que semeemos.
Se Enu Nu-cúna . . .	Se vós semeassèis, ou que semeeis.
Se Ana A-cúna . . .	Se elles semeassem, ou que semeem.

Preterito perfeito.

N. s. *Se Emmi Ghi-a-cuné-ne*	Se eu semeára, ou tivesse semeado.
Se Eié Gu-a-cuné-ne	Se tu semeáras, ou tivesses semeado.
Se Una U-a-cuné-ne . .	Se elle semeára, ou tivesse semeado.

Bundo.	Portuguez.

N. p. *Se Ettu Tu-a-cuné-ne*   Se nós semeáramos, ou tivessê mos semeado.

  Se Enu Nu-a-cuné-ne   Se vós semeáreis, ou tivesseis semeado.

  Se Ana A-cuné-ne   Se elles semeárão, ou tivessem semeado.

Futuro 1.

N. s. *Se Emmi Nghi-cúna-yza*   Se eu semear, ou tiver semeado.

  Se Eié Gu-cúna-yza   Se tu semeares, ou tiveres semeado.

  Se Una U-cúna-yza   Se elle semear, ou tiver semeado.

N. p. *Se Ettu Tu-cúna-yza*   Se nós semearmos, ou tivermos semeado.

  Se Enu Nu-cúna-yza   Se vós semeardes, ou tiverdes semeado.

  Se Ana A-cúna-yza   Se elles semearem, ou tiverem semeado.

Futuro 2.

N. s. *Emmi Quinghi-cúna*   Quando eu semear.

  Eié Quiu-cúna   Quando tu semeares.

  Una Qui-cúna   Quando elle semear.

N. p. *Ettu Quittu-cúna*   Quando nós semearmos.

  Enu Quinu-cúna   Quando vós semeardes.

  Ana Quia-cúna   Quando elles semearem.

Infinito impessoal.

Cucúna   Semear.

Presente do infinito pessoal.

N. s. *Nghi-cucúna Emmi*   Semear eu.

  Gu-cucúna Eié   Semeares tu.

  U-cucúna Una   Semear elle.

Bundo.	Portuguez.
N. p. *Tu-cucúna Ettu* . . .	Semearmos nós.
Nu-cucúna Enu	Semeardes vós.
A-cucúna Ana	Semearem elles.

Preterito do infinito.

Amu-cucúna . . . . Ter semeado.

Futuro do infinito.

N. s. *Quinghi-cucúna-yza* . .	Quando eu houver de semear.
Eié Quiu-cucúna-yza	Quando tu houueres de semear.
Una Qui-cucúna-yza .	Quando elle houver de semear.
N. p. *Ettu Quittu-cucúna-yza*	Quando nós houvermos de semear.
Enu Quinu-cucúna-yza .	Quando vós houverdes de semear.
Ana Quia-cucúna-yza .	Quando elles houverem de semear.

Participio indeclinavel.

Quinghi-cúna . . . . Semeando.

Participio declinavel.

Cucun-éssa . . . . . . O que semear, ou houver de semear.

DO VERBO BUNDO *Cutúma* MANDAR DA TERCEIRA CONJUGAÇÃO.

Modo indicativo presente.

N. s. *Emmi Ngu-túmu* . . .	Eu mando.
Eié Gu-túmu	Tu mandas.
Una U-túmu	Elle manda.
N. p. *Ettu Tu-túmu* . . .	Nós mandamos.
Enu Nu-túmu	Vós mandais.
Ana A-túmu	Elles mandão.

Per-

Bundo.   Portuguez.

Preterito perfeito.

N. s. *Emmi Ghi-a-túme* . . . . Eu mandei, ou tenho mandado.
     Eié Gu-a-túme . . . . Tu mandaste, ou tens mandado.
     Una U-a-túme . . . . Elle mandou, ou tem mandado.
N. p. *Ettu Tu-a-túme* . . . Nós mandamos, ou temos man-
                            dado.

     Enu Nu-a-túme . . . . Vós mandastes, ou tendes man-
                            dado.

     Ana A-túme . . . . . Elles mandárão, ou tem manda-
                            do.

Futuro.

N. s. *Emmi Ngu-túma-yza* . Eu mandarei, ou hei-de mandar.
     Eié Gu-túma-yza . . . Tu mandarás, ou has-de mandar.
     Una U-túma-yza . . . Elle mandará, ou ha-de mandar.
N. p. *Etta Tu-túma-yza* . . Nós mandaremos, ou havemos
                            de mandar.

     Enu Nu-túma-yza . . . Vós mandareis, ou haveis de man-
                            dar.

     Ana A-túma-yza . . . Elles mandarão, ou hão de man-
                            dar.

Imperativo.

N. s. Carece . . . . . . Carece.
     Túma . . . . . . Manda.
     U-túme . . . . . . Mande elle.
N. p. *Tu-tum-éttu* . . . . Mandemos nós.
     Tum-énu . . . . . Mandai vós.
     A-túme . . . . . . Mandem elles.

Bundo.	Portúguez.

Optativo, e conjunctivo presente.

N. s. *Se Emmi Ngu-túmu* . . | Se eu mandasse, ou que eu mande.

Se Eié Gu-túmu . . . | Se tu mandasses, ou que tu mandes.

Se Una U-túmu . . . | Se elle mandasse, ou que elle mande.

N. p. *Se Ettu Tu-túmu* . . . | Se nós mandassemos, ou que nós mandemos.

Se Enu Nu-túmu . . . | Se vós mandasseis, ou que vós mandeis.

Se Ana A-túmu . . . | Se elles mandassem, ou que elles mandem.

Preterito perfeito.

N. s. *Se Emmi Ghu-a-túme* . . | Se eu mandára, ou tivesse mandado.

Se Eié Gu-a-túme . . | Se tu mandáras, ou tivesses mandado.

Se Una U-a-túme . . . | Se elle mandára, ou tivesse mandado.

N. p. *Se Ettu Tu-a-túme* . . | Se nós mandáramos, ou tivessemos mandado.

Se Enu Nu-a-túme . . | Se vós mandáreis, ou tivesseis mandado.

Se Ana A-túme . . . | Se elles mandárão, ou tivessem mandado.

Futuro I.

N. s. *Se Emmi Ngu-túmu-yza* | Se eu houver de mandar.
Se Eié Gu-túmu-yza . | Se tu houveres-de mandar.
Se Una U-túmu-yza . . | Se elle houver-de mandar.

Bundo.	Portuguez.
N. p. *Se Ettu Tu-túmu-yza*	Se nós houvermos de mandar.
Se Enu Nu-túmu-yza	Se vós houverdes de mandar.
Se Ana A-túmu-yza.	Se elles houverem de mandar.

Futuro 2.

N. s. *Emmi Quinghi-túma*	Quando eu houver de mandar.
Eié Quiu-túma	Quando tu houveres de mandar.
Una Qui-túma	Quando elle houver de mandar.
N. p. *Ettu Quittu-túma*	Quando nós houvermos de mandar.
Enu Quinu-túma	Quando vós houverdes de mandar.
Ana Quia-túma	Quando elles houverem de mandar.

Infinito impessoal.

Cutúmu	Mandar.

Infinito pessoal.

N. s. *Ngu-cutúma Emmi*	Mandar eu.
Gu-cutúma Eie	Mandares tu.
U-cutúma Una	Mandar elle.
N. p. *Tu-cutúma Ettu*	Mandarmos nós.
Nu-cutúma Enu	Mandardes vós.
A-cutúma Ana	Mandarem elles.

Preterito do infinito.

Amu-cutúma	Ter mandado.

Futuro do infinito.

N. s. *Emmi Quínghi-cutúma-yza*	Quando eu houver de mandar.
Eié Quiú-cutúma-yza	Quando tu houveres de mandar.
Una Qui-cutúma-yza	Quando elle houver de mandar.

Bundo.	Portuguez.
N. p. *Ettu Quittu-cuttíma-yza*	Quando nós houvermos de mandar.
Enu Quínu-cuttíma-yza	Quando vós houverdes de mandar.
Ana Quid-cuttíma-yza	Quando elles houverem de mandar.

Participio indeclinavel.

Quinghi-tuma	Mandando.

Participio declinavel.

Cutuma-issa	O que houver-de mandar, ou o que manda.

Estes pois são os exemplares de cada huma das tres Conjugações; á semelhança dos quaes se devem conjugar todos os mais verbos Abundos; posto que alguns verbos Abundos se differenção nas suas Conjugações: com tudo nós os consideramos mais como verbos irregulares, e não como que pertenção, ou formem quarta Conjugação; hum destes verbos irregulares, he o verbo Bundo *Cuabéla* que significa gostar de alguma cousa, ou pessoa, isto he, receber gosto, e prazer com ella. Advirta-se porém que quando se falla de gostar da comida, se deve usar o verbo Bundo *Cuffíla*, que he regular. A Conjugação do verbo *Cuabéla* he a seguinte:

CONJUGAÇÃO DO VERBO BUNDO IRREGULAR *Cuabéla* GOSTAR.

Bundo.   Portuguez.
Modo indicativo presente.

N. s. *Emmi Quinqui-guabéla*	Eu gosto.
Eié Quiácu-abéla	Tu gostas.
Una Quiámu-abéla	Elle gosta.
N. pl. *Ettu Quiáttu-abéla*	Nós gostamos.
Enu Quiánu-abéla	Vós gostais.
Ana Quiágu-abéla	Elles gostão.

Bundo. Portuguez.

Preterito perfeito.

N. s. *Emmi Quincu-guabéle* . . Eu gostei, ou tenho gostado.
Eié Quiácu-guabéle . . Tu gostaste, ou tens gostado.
Una Quiámu-guabéle . Elle gostou, ou tem gostado.
N. p. *Ettu Quiáttu-abéle* . . Nós gostamos, ou temos gostado.
Enu Quiánu-abéle . . Vós gostastes, ou tendes gostado.
Ana Quiágu-abéle . . Elles gostárão, ou tem gostado.

Futuro.

N. s. *Emmi Quincu-abéla-yza* Eu gostarei, ou hei-de gostar.
Eié Quicu-abéla-yza . Tu gostarás, ou has-de gostar.
Una Quiámu-abéla-yza . Elle gostára, ou ha-de gostar.
N. p. *Ettu Quiáttu-abéla-yza* Nós gostaremos, ou havemos de gostar.
Enu Quiánu-abéla-yza . Vós gostareis, ou haveis de gostar.
Ana Quiágu-abéla-yza . Elles gostarão, ou hão-de gostar.

Imperativo.

N. s. *Carece* . . . . . . Carece.
Quicu-abéle . . . . . Gosta tu.
Quimu-abéle . . . . . Goste elle.
N. p. *Quittu-abéle* ettu . . . Gostemos nós.
Quinu-abéle . . . . . Gostai vós.
Quiágu-abéle . . . . . Gostem elles.

Modo optativo, e conjunctivo presente.

N. s. *Se Emmi Quincui-guabéla* Se eu gostasse, ou que goste.
Se Eie Quicu-abéla . . Se tu gostasses, ou que gostes.
Se Una Quimu-abéla . Se elle gostasse, ou que goste.
N. p. *Se Ettu Quittu-abéla* . Se nós gostassemos, ou que gostemos.
Se Enu Quinu-abéla . Se vós gostasseis, ou que gosteis.
Se Ana Quiágu-abéla . Se elles gostassem, ou que gostem.

Bundo.	Portuguez.

Preterito perfeito.

N. s. *Se Emmi Quincu-guabéla*	Se eu gostára, ou tivesse gostado.
Se Eié Quiácu-guabéle .	Se tu gostáras, ou tivesses gostado.
Se Enu Quidmu-guabélé	Se elle gostára, ou tivesse gostado.
N. p. *Se Ettu Quiáttu-guabéle*	Se nós gostáramos, ou tivessemos gostado.
Se Enu Quidnu-guabéle	Se vós gostáreis, ou tivesseis gostado.
Se Ana Quiá-guabéle .	Se elles gostárão, ou tivessem gostado.

Futuro 1.

N. s. *Se Emmi Quincu-guabéla-yza*	Se eu gostar, ou tiver gostado.
Se Eié Quiácu-abéla-yza	Se tu gostares, ou tiveres gostado.
Se Una Quiámu-abéla-yza	Se elle gostar, ou tiver gostado.
N. p. *Se Ettu Quiáttu-abéla-yza*	Se nós gostarmos, ou tivermos gostado.
Se Enu Quidnu-abéla-yza	Se vós gostardes, ou tiverdes gostado.
Se Ana Quiácgu-abéla-yza	Se elles gostarem, ou tiverem gostado.

Futuro 2.

N. s. *Emmi Qui-quinqui-guabéla*	Quando eu gostar.
Eié Qui-quiú-guabéla .	Quando tu gostáres.
Una Qui-qui-guabéla	Quando elle gostar.
N. p. *Ettu Qui-quittu-guabéla*	Quando nós gostarmos.
Enu Qui-quinu-guabéla	Quando vós gostardes.
Ana Qui-quid-guabéla	Quando elles gostarem.

Bun-

Bundo. Portuguez.

Infinito impessoal.

Cuabéla . . . . . Gostar.

Presente do infinito pessoal.

N. s. *Quinqui-cuabéla Emmi* . Gostar eu.
Quicu-cuabéla Eié . . Gostares tu.
Quimu-cuabéla Una . . . Gostar elle.
N. p. *Quíttu-cuabéla Ettu* . . Gostarmos nós.
Quinu-cuabéla Enu . . Gostardes vós.
Quiágu-cuabéla Ana . . Gostarem elles.

Preterito do infinito.

Qui-áma-cuabéla . . . . Ter gostado.

Futuro do infinito.

N. s. *Emmi Quincu-cuabéla-yza* Quando eu houver de gostar.
Eié Quidcu-cuabéla-yza Quando tu houveres de gostar.
Una Quidmu-cuabéla-yza Quando elle houver de gostar.
N. p. *Ettu Quidttu-cuabéla-yza* Quando nós houvermos de gostar.
Enu Quidnu-cuabéla-yza Quando vós houverdes de gostar.
Ana Quidgu-cuabéla-yza Quando elles houverem de gostar.

Participio indeclinavel.

Qui-quingbi-abéla . . Gostando.

Participio declinavel.

Cuabel-éssa . . . . O que gosta, ou houver de gostar.

Fa-

Fazem os Abundos o verbo affirmativo negativo pondo entre o pronome demonstrativo que o verbo a particula *se*, v. g. *Emmi se Nga-bánca* eu não faço , primeira pessoa do presente indicativo do verbo *Cubánca* fazer, o qual de affirmativo que he passa a negativo com a posição da particula *se* entre si, e o pronome demonstrativo *Emmi*, isto em quanto ao modo indicativo, por todos os seus tempos, e pessoas : pelo que respeita aos tempos do modo optativo , e conjunctivo he necessario que o verbo , que de affirmativo passa a negativo , além da particula. *se* entre si, e o pronome demonstrativo tenha outra antes do mesmo pronome , v. g. *Se emmi se Nga-bánca se* eu não fizesse , presente do optativo , e conjunctivo do verbo *Cubánca fazer*, o qual de affirmativo que he , passa a negativo pellas razões ponderadas.

Ainda de huma outra maneira fazem negativo o verbo affirmativo , e he unindo o infinito do verbo affirmativo a toda , e qualquer pessoa de qualquer tempo , e modo do verbo negativo *Cudmi* não querer ; v. g. *Ngu-dmi Cubánca* não quero fazer; *Gué Cubánca* não queres fazer ; *Guã Cubánca* não quer fazer; *Guéttu Cubánca* não queremos fazer ; *Guénu Cubánca* não quereis fazer ; *Aguá Cubánca* não querem fazer ; e assim por todos os mais tempos e modos , em cujo exemplo se vê verificada a regra acima; por isso que o verbo *Cubánca* posto que seja affirmativo , com tudo unido ao verbo *Cudmi* que significa não querer , faz com que se converta em negativo. Porém he necessario advertir , que o infinito do verbo que de affirmativo passa a negativo , nunca principia pela syllaba *Cu* como mostramos em outra regra ; mas sim pela syllaba *Ca* : ora esta troca da syllaba *Cu* em *Ca* he só por si signal, de que o verbo infinito , posto que seja com a syllaba *Cu* affirmativo, se deve considerar com a syllaba *Ca* com significação de negativo , e isto inviolavelmente; como tambem em muitos verbos , fazerem seguir a sobredita syllaba *Ca* a syllaba *qui*, v. g. *Ca-qui-bánca* não fazer ; *Ca-qui-móna* não ver ; *Ca-qui-richivá* não calar; *Ca-qui-zuelá* não fallar; *Ca-qui-zolá* não amar; *Ca-qui-lengá* não fugir, etc.

Finalmente o verbo affirmativo Bundo passa a verbo negativo , unindo-lhe as ultimas duas syllabas do verbo *Cudmi* não querer , e perdendo o affirmativo o *a* final como v. g. *Nga-banc'-dmi* não faço; *Ghi-a-banquel-dmi* não fiz, *Nga-banc'dmi-yza* não farei, primeiras pessoas do presente, preterito, e futuro do verbo

Cu-

Cubánca fazer, no qual de affirmativo que he, se converte em negativo com o perdimento da letra final, e accrescentamento das ultimas duas syllabas do verbo *Cuámi* não querer ; isto em quanto ás primeiras pessoas do presente, preterito, e futuro : em quanto ás demais pessoas, se o verbo affirmativo que passou a negativo, he interrogativo, tudo que toma do verbo negativo *Cuámi* deve estar antes delle, e não depois ; quando pelo contrario se o verbo não passou a interrogativo, então em todas as segundas pessoas do singular, e plural segue a primeira do presente indicativo, e as terceiras pessoas do singular, e plural seguem o mesmo systema do interrogativo, como muitas vezes na primeira pessoa do plural tem antes de si tudo quanto toma do negativo *Cuámi*, v. g. *Gué-Gubánca* não queres fazer, *Gubanc-ué* não fazes, *Guá-Ubánca* não quer fazer ; *Guá-Ubánca* não faz, *Guéttu-Zubánca*, ou *Tu-bánca-guéttu* não fazemos, *Guénu-Nubánca* não quereis fazer, *Nubánca-guénu* não fazeis, *Aguá-Abánca* não querem fazer, *Aguá-Abánca* não fazem.

He certo, que a particula *Cu* acompanha, e serve de final á segunda pessoa do singular do imperativo, e algumas vezes á do plural do mesmo modo : porém os Abundos usão frequentemente della, principalmente quando querem explicar a promptidão, e presteza de alguma cousa, v. g. *Jiculá-cu* abre já, abre sem demora : donde quando não exigem pressa dizem tão sómente *Jicúla* abre, segunda pessoa do imperativo do verbo *Cujicúla* abrir ; *Jicá-cu* fecha já, fecha sem demora, segunda pessoa do imperativo do verbo *Cujíca* fechar. Ora se a pessoa que manda abrir, ou fechar falla a muitos, então ainda depois a sobredita particula accrescenta o pronome demonstrativo *Enu* vós, e diz assim *Jicula-cu-énu* abri já, abri sem demora : *Jica-cu-énu* fechai já, fechai sem demora. Quando pois despedem qualquer pessoa, costumão dizer *Daióccu* vaite embora, *Denóccu* ide-vos embora, segundas pessoas, tanto do singular, como do plural do imperativo do verbo *Cuia* ir : deve-se advertir que he proprio deste verbo levar sempre o pronome demonstrativo antes da particula *Cu*, como se vê nos sobreditos exemplos, que em cada hum delles não ha do verbo mais que a primeira syllaba *Da*, a syllaba *io* que se segue faz as vezes do pronome demonstrativo *Eié* tu, e por causa da má pronunciação lhe roubão o primeiro *e*, e o segundo o trocado em *b* , e fazendo começar a sobredita particula por dous *cc* , o que tudo se vê praticado nos exemplos.

OBSERVAÇÃO

Da Preposição.

PReposição he a segunda especie de particula , a qual na oração se costuma antepôr ao Nome , e ao verbo , e mais ordinariamente ao Nome , para mostrar o caso em que deve estar , v. g.

As que regem Genitivo são as seguintes:

Bundo.	Portuguez.
Cupóla	Antes.
Curíma	Atraz.
Insu	Dentro.
Bucánta	Fóra.

As que regem Accusativo.

Pála	Para.
Caclas	Entre.
Cuttándu	Sobre.
Bupólu	Perante.

As preposições *A* , e *Ne* regem o Dativo , como por exemplo *idri ne idri* dous a dous. A dita preposição *Ne* , rege tambem alguma vez Accusativo , e outras vezes Ablativo , por exemplo *Petéro ne Paúlu* Pedro e Paulo : *Uabíta Petéro ne ritému* passou Pedro com a enchada.

Outras preposições finalmente regem o Ablativo , como são *Contóchi , Mu ,* e *Bu ,* v. g. *Contóchi ne Frílla* junto com Francisco , *Mu túllu* no peito , *Bu Múlue* na cabeça.

OBSERVAÇÃO

De Adverbio.

A Dverbio he a particula, que se ajunta ao verbo, e algumas vezes tambem ao Nome, para lhe determinar, ou modificar a sua significação, v. g. *Quinqui-guabéla quiávul* estimo muito; onde o adverbio *Quiávul* muito determina, e augmenta respectivamente á significação do verbo *Quinqui-guabéla* estimo. Divide-se o adverbio em affirmativo, e negativo. Affirmativo he aquelle pelo qual affirmamos alguma cousa v. g.

Bundo.		Portuguez.
Chím		Sim. . . .
Quiriquiaquíri . . .		Verdadeiramente.
C'hiamuéne . . .		O mesmo. .
Abba		Pois. . . .
Quimuéne . . .		Assim. . . .

Negativo he aquelle pelo qual negamos alguma cousa v. g.

Quiquid		Mentirosamente.
Macutumé		
Cána		Não. . . .
Cachicané . . .		Absolutamente não.
H'ánc'i . . .		Ainda . . .
H'ánc'i elúa . .		Ainda não. .
e tam- *Manhí* . .		Não sei. . .
bem. *Quenhá* . . .		Não he. . .

Os dous ultimos na lingua Bunda, não são verbos; he verdade que a significação do adverbio *Manhí* he não sei, porém o verbo Bundo que significa não sei, he *Nghi-giámi*, e *Manhí* não he verbo, nem tambem o adverbio *Quenhé* O parece ser huma palavra do verbo *Sum*, *es*, *fui*, cujo verbo os Abundos não o tem, como já se mostrou em outro lugar.

Divide-se mais o adverbio em demonstrativo, e local. Demonstrativo he aquelle que mostra alguma cousa. v. g.

K ii Bun-

Bundo.	Portuguez.
Cunacúna	Alli.
Múmu	Aqui.
Cubandóccu	Desta parte.
Conguéna	Da outra banda.
Cubandujumuquú	Da outra parte.
Cubanducúna	Daquella parte.
Banducúna	Alli.
Banduquénqui	Em qualquer parte.

Local he aquelle que mostra o lugar em que alguem, ou alguma cousa está, v. g.

Múmu	Aqui.
Bomuéne	Ahi.
Cunacúna	Alli.
Atemúmu	Até aqui.
Cuttándu	Acima.
Culuígi	Abaixo.

Tambem se divide em adverbio de tempo, de quantidade, e de interrogação. O de tempo he o que mostra a occasião, ou tempo em que alguma cousa foi feita, v. g.

Lélu	Hoje.
Camenoméne	De manhá cedo.
Ngolócc'i	De tarde.
Masá	Hontem.
Masarína	Antehontem.
Masarínacc'hiu	Desde antehontem.
Múngu	A manhá.
Mungurína	Depois da manhá.
Mungurínacc'hiu	Daqui a tres dias, etc.

O de quantidade he o que mostra a quantidade em alguma cousa, v. g.

Tatíli	Pouco.
Avúl	Muito.

Bundo.	Portuguez.
Rínqui	Mais.
Quiatêna	Bastantemente.
Quiasála	Plenamente.
Quifúchi	Innumeravelmente.

O de interrogação he aquelle, pelo qual perguntamos alguma cousa v. g.

H'i	Que.
Hi guámbe	Que diz.
Quévi	Onde.
Bándu quévi	Em que parte.
Ih'h'i	Quem he.
H'indbi	Que tens.
Quicúc'i	Quanto.
Quittangána cúc'i	Em que tempo.
Baté	Porque.
Ngabim	Em que maneira.

Divide-se ultimamente em adverbio de qualidade, v. g.

Quiambôa	Bellamente.
Quiaíba	De má mente.
Quiachíri	Cujamente.
Quiazéla	Limpamente.
Quiáb	Novamente.
Quiacúlu	Antigamente.

OBSERVAÇÃO

Da Conjunção.

C Onjunção, he huma particula, que em si nada significa, mas na oração serve para unir, e juntar entre si as partes, de que ella se compõe, para sua perfeita composição.

Divide-se em copulativa, disjuntiva, causal, e condicional. Copulativa he a particula *Ne*, v. g. *Eminu ne, Eié eilu ca-môchi* eu e tu vamos juntos.

Dis-

Disjuntiva he a particula *Ou*, e *Se*, v. g. *Fúlla*, *ou Petéro* Francisco, ou Pedro: *Fúlla lé o Petéro* Francisco sem o Pedro.

Causal he v. g. *Buté* porque., *Abba* pois, *Abbacuxa* pois não.

Condicional he v. g. *famu'umi Nghí-ia cuttándu. Nghi-béca-yza múmu co jindándu jámi* se eu for para cima trarei aqui os meus parentes.

O de interrogação he quando pergunta.

OBSERVAÇÃO

Da Interjeição.

I Nterjeição segundo a opinião de alguns Grammaticos he a particula, ou voz indeclinavel, breve, e curta, que declara, ou manifesta as varias paixões da nossa alma, como amor, odio, etc.

De dor. *Aigué* ai, *Aiuémim* ai, de mim, *Mamattugué* ai minha Mãi, *Tatettugué* ai meu Pai., *Ngána guáttu gué* ai meu Senhor, etc.

De repugnancia. *Agsá* não me apertem, *Ambulá* deixem-me, *Ahábáh quigilla* não se faz, he preceito, *Quirála* cousa que não se faz, *Cábiba* cousa má, cousa feia.

De incitar. *Ndócu* vamos já, *Ndócu* marchemos já, *Ndócu q'uiávu* vamos a isto, etc.

De pedir soccorro. *Gudilénu* acudão-me, *Cudilénu* *Ngilla* acudão no caminho, *Gudilénu nghi-ssua gué* acudão-me que morro.

De espanto. *Mamuné, Mimmé, Mammé*, ai, ai, ai, etc.

De suspender. *Quinga Chióc'bio* espera hum pouco, *Quinga h'ánc'i* espera ainda, *quinha h'ánc'i* suspende ainda.

De calar. *Chivié* cala, *Chiviénu* calei, etc.

De chamar. Costumão os Abundos quando chamão por alguma pessoa pôrem antes do nome, a letra *e*, v. g. *e Fúlla*, e Francisco; quando porém Francisco não responde, e querem que venha, e responda immediatamente, costumão pôr o tal que faz as vezes do Nome, e no fim do mesmo Nome, e em lugar da ultima letra por geralmente com o accento agudo: e *Bála*, e *Bála*, *Balé*, e Bernardo, o *Beroqdo*, *Bernardo*, e *Maria*, e *Maria*, e *Maria*, e *Maria*, *Maria* os Chamão pois o seu porquinho. A grande por elle, *Má*, *Má*, *Má* e *Má*, e nas acções os chamão *Chivá*, *Chivá*, *Chivá Chivá* vamos juntos, vamos a isto acabei de...

Dis-   De

De alegria. *Quiguá*, *Quiguá*, *Quiguá* viva, viva, viva: he costume entre os Abundos applaudirem assim a chegada dos Governadores a Loanda, porque com estes termos mostrão o seu contentamento e alegria, de máneira que hum Preto dos mais Anciãos diz a todos os Pretos que se achão presentes *Nguvuléttu U-abic'ile*, *coléuu óssa* chegou o nosso Governador gritai todos viva, viva, viva, *Quiguá*, *Quiguá*, *Quiguá*, e com esta gritaria o acompanhão até Palácio.

De despedida. Nas suas despedidas usão os Abundos dos termos *Chalé*, e *Daié*: aquelle que se retira diz *Chalé Cambariámi* fica meu amigo; *Chalé ne Zámbi* fica com Deos: e aquelle de quem se despede, responde *Daié Cambariámi* vai meu amigo, *Daié ne Zámbi* vai com Deos.

Fim das Obvervações Grammaticaes Abundas.

Para melhor conhecimento dos verbos Abundos se accrescentão aqui alguns que servem de illustração.

DO VERBO BUNDO *Cusúba* ACABAR.

Presente do modo indicativo.

Bunda.	Portugueza.
N. s. *Emmi Nga-súba*	Eu acabo.
Eié Gu-súba	Tu acabas.
Una U-súba	Elle acaba.
N. p. *Etu Tu-súba*	Nós acabamos.
Enu Nu-súba	Vós acabais.
Ana A-súba	Elles acabão.

Preterito perfeito.

N. s. *Emmi Ghi-a-subile*	Eu acabei, ou tenho acabado.
Eié Gu-a-subile	Tu acabaste, ou tens acabado.
Una U-a-subile	Elle acabou, ou tem acabado.

Bun-

Bundo.	Portuguez.
N. p. *Ettu Tu-a-subile* . . .	Nós acabámos, ou temos acabado.
Enu Nu-a-subile . . .	Vós acabastes, ou tendes acabado.
Ana A-subile	Elles acabárão, ou tem acabado.

Futuro.

N. s. *Emmi Nga-suba-yza* .	Eu acabarei, ou hei-de acabar.
Eié Gu-suba-yza . . .	Tu acabarás, ou has-de acabar.
Una U-suba-yza . . .	Elle acabará, ou ha-de acabar.
N. p. *Ettu Tu-suba-yza* . .	Nós acabaremos, ou havemos de acabar.
Enu Nu-suba-yza . .	Vós acabareis, ou haveis de acabar.
Ana A-suba-yza . . .	Elles acabárão, ou hão de acabar.

Imperativo.

N. s. Não tem	Não tem.
Súba Eié.	Acaba tu.
U-súbe	Acabe elle.
N. p. *Tu-sub-éttu*	Acabemos nós.
Sub-énu	Acabai vós.
A-súbe	Acabem elles.

Presente do modo optativo, e conjunctivo.

N. s. *Se Emmi Nga-súba* . .	Se eu acabasse, ou que acabe.
Se Eié Gu-súba . . .	Se tu acabasses, ou que acabes.
Se Una U-súba . . .	Se elle acabasse, ou que acabe.
N. p. *Se Ettu Tu-súba* . . .	Se nós acabassemos, ou que acabemos.
Se Enu Nu-súba . . .	Se vós acabasseis, ou que acabeis.
Se Ana A-súba . . .	Se elles acabassem, ou que acabem.

Bun-

Bundo.   Portuguez.

Preterito perfeito.

N. s. *Se Emmi Ghi-a-subíle* .   Se eu acabára , ou tivesse aca-
                              bado.

     Se Eié Gu-a-subíle . .   Se tu acabáras, ou tivesses aca-
                              bado.

     Se Una U-a-subíle . .   Se elle acabára , ou tivesse aca-
                              bado.

N. p. *Se Ettu Tu-a-subíle* . .   Se nós acabáramos , ou tivesse-
                              mos acabado.

     Se Enu Nu-a-subíle . .   Se vós acabareis, ou tivesseis aca-
                              bado.

     Se Ana A-subíle . . .   Se elles acabárão , ou tivessem
                              acabado.

Futuro 1.

N. s. *Se Emmi Nga-súba-yza*   Se eu acabar, ou tiver acabado.

     Se Eié Gu-súba-yza . .   Se tu acabares, ou tiveres acaba-
                              do.

     Se Una U-súba-yza . .   Se elle acabar, ou tiver acabado.

N. p. *Se Ettu Tu-súba-yza* .   Se nós acabarmos , ou tivermos
                              acabado.

     Se Enu Nu-súba-yza .   Se vós acabardes , ou tiverdes
                              acabado.

     Se Ana A-súba-yza . .   Se elles acabarem , ou tiverem
                              acabado.

Futuro 2.

N. s. *Emmi Quínghi-súba* . .   Quando eu acabar, ou tiver aca-
                              bado.

     Eié Quiú-súba . . .   Quando tu acabares , ou tiveres
                              acabado.

     Una Quiá-súba . . .   Quando elle acabar, ou tiver aca-
                              bado.

Bundo.	Portuguez.
N. p. *Ettu Quittu-súba* . . .	Quando nós acabarmos , ou tivermos acabado.
Enu Quínu-súba . . .	Quando vós acabardes , ou tiverdes acabado.
Ana Quid-súba . . .	Quando elles acabarem , ou tiverem acabado.

Infinito impessoal.

| *Cusúba* . . . . . . | Acabar. |

Infinito presente pessoal.

N. s. *Ngu-cusúba Emmi* . .	Acabar eu.
Gu-cusúba Eié . . .	Acabares tu.
U-cusúba Una	Acabar elle.
N. p. *Tu-cusúba Ettu* . . .	Acabarmos nós.
Nu-cusúba Enu . . .	Acabardes vós.
A cusúba Anu	Acabarem elles.

Pretérito do infinito.

| *Anu-cusúba* . . . . . | Ter acabado. |

Futuro do infinito.

N. s. *Emmi Quinghi-cusúba-yza*	Quando eu houver de acabar.
Eié Quiú-cusúba-yza .	Quando tu houveres de acabar.
Una Quid-cusúba-yza . .	Quando elle houver de acabar.
N. p. *Ettu Quittu-cusúba-yza*	Quando nós houvermos de acabar.
Enu Quínu-cusúba-yza . .	Quando vós houverdes de acabar.
Ana Quid-cusúba-yza .	Quando elles houverem de acabar.

Participio indeclinavel.

| *Quinghi-súba* . . . . . | Acabando. |

Bundo.   Portuguez.

Participio declinavel.

Cusub-éssa . . . . . . O que houver de acabar, ou tiver acabado.

DO VERBO BUNDO *Cussumíca* QUEIMAR.

Presente do modo indicativo.

N. s. *Emmi Nga-ssumíca* . . Eu queimo.
  Eié Gu-ssumíca . . . Tu queimas.
  Una U-ssumíca . . . Elle queima.
N. p. *Ettu Tu-ssumíca* . . . Nós queimamos.
  Enu Nu-ssumíça . . . Vós queimais.
  Ana A-ssumíca . . . Elles queimáo.

Preterito perfeito.

N. s. *Emmi Ghi-a-ssumíque* . Eu queimei, ou tenho queimado.
  Eié Gu-a-ssumíque . . Tu queimaste, ou tens queimado.
  Una U-a-ssumíque . . Elle queimou, ou tem queimado.
N. p. *Ettu Tu-a-ssumíque* . . Nós queimamos, ou temos quei-
mado.

  Enu Nu-a-ssumíque . . Vós queimastes, ou tendes queimado.

  Ana A-ssumíque . . . Elles queimárão, ou tem queimado.

Futuro.

N. s. *Emmi Nga-ssumíca-yza* Eu queimarei, ou hei-de queimar.

  Eié Gu-ssumíca-yza . . Tu queimaras, ou has-de queimar.

  Una U-ssumícu-yza . . Elle queimará, ou ha-de queimar.

Bundo.	Portuguez.
N. p. *Ettu Tu-ssumica-yza*	Nós queimaremos, ou havemos de queimar.
Enu Nu-ssumica-yza	Vós queimareis, ou haveis de queimar.
Ana A-ssumica-yza	Elles queimarão, ou hão-de queimar.

Imperativo.

N. s. Não tem	Não tem.
Sumica Eié	Queima tu.
U-ssumique	Queime elle.
N. p. *Tu-ssumiqu-éttu* . . .	Queimemos nós.
Sumiqu-énu	Queimai vós.
A-ssumique	Queimem elles.

Presente do optativo, e conjunctivo.

N. s. *Se Emmi Nga-ssumica* .	Se eu queimasse, ou que queime.
Se Eié Gu-ssumica . .	Se tu queimasses, ou que queimes.
Se Una U-ssumica . .	Se elle queimasse, ou que queime.
N. p. *Se Ettu Tu-ssumica* . .	Se nós queimassemos, ou que queimemos.
Se Enu Nu-ssumica . .	Se vós queimasseis, ou que queimeis.
Se Ana A-ssumica . .	Se elles queimassem, ou que queimém.

Preterito perfeito.

N. s. *Se Emmi Ghi-a-ssumique*	Se eu queimára, ou tivesse queimado.
Se Eié Gu-a-ssumique	Se tu queimáras, ou tivesses queimado.
Se Una U-a-ssumique .	Se elle queimára, ou tivesse queimado.

Bundo.	Pórtuguez.
N. p. *Se Ettu Tu-a-ssumíque* .	Se nós queimáramos, ou tivessemos queimado.
Se Enu Nu-a-ssumíque .	Se vós queimáreis, ou tivesseis queimado.
Se Ana A-ssumíque . .	Se elles queimárão, ou tivessem queimado.

Futuro 1.

N. s. *Se Emmi Nga-ssumíca-yza*	Se eu queimar, ou tiver queimado.
Se Eie Gu-ssnmíca-yza .	Se tu queimares, ou tiveres queimado.
Se Una U-ssumíca-yza .	Se elle queimar, ou tiver queimado.
N. p. *Se Ettu Tu-ssumíca-yza*	Se nós queimarmos, ou tivermos queimado.
Se Enu Nu-ssumíca-yza	Se vós queimardes, ou tiverdes queimado.
Se Ana A-ssumíca-yza .	Se elles queimarem, ou tiverem qneimado.

Futuro 2.

N. s. *Emmi Quínghi-ssumíca*	Quando eu queimar.
Eié Quinu-ssumíca . .	Quando tu queimares.
Una Quid-ssumíca . .	Quando elle queimar.
N. p. *Ettu Quíttu-ssumíca* .	Quando nós queimarmos.
Enu Quinu-ssumíca . .	Quando vós queimardes.
Ana Quid-ssumíca . .	Quando elles queimarem.

Infinito presente impessoal.

Cussumíca	Queimar.

Bundo. Portuguez.

Infinito presente impessoal.

N. s. *Nga-cussumíca Emmi* . Queimar eu.
Gu-cussumíca Eie . . Queimares tu.
U-cussumíca Una . . . Queimar elle.
N. p. *Tu-cussumíca Ettu* . . Queimarmos nós.
Nu-cussumíca Enu . . Queimardes vós.
A-cuseumíca Ana . . . Queimarem elles.

Preterito do infinito.

Amu-cussumíca . . . . Ter queimado.

Futuro do infinito.

N. s. *Emmi Quíngbi-cussumí-* Quando eu houver de queimar.
ca-yza
Eie Quiú-cussumíca-yza Quando tu houveres de queimar.
Una Quiá-cussumíca-yza Quando elle houver de queimar.
N. p. *Ettu Quíttu-cussumíca-* Quando nós houvermos de quei-
yza mar.
Enu Qnínu-cussumíca- Quando vós houverdes de quei-
yza mar.
Anv Quiá-cussumíca-yza Quando elles houverem de quei-
. mar.

Participio indeclinavel.

Quíngbi-ssumíca . . . Queimando.

Participio declinavel.

Cussumiqu-íssa . . . . O que queima, ou tiver queimado.

DO VERBO BUNDO *Cuchinganéca* LEMBRAR-SE.

Bundo.   Portuguez.

Presente do modo indicativo.

N. s. *Emmi Nga-chinganéca* .   Eu me lembro.
     Eié Gu-chinganéca . .   Tu te lembras.
     Una U-chinganéca . . .   Elle lembra-se.
N. p. *Ettu Tu-chinganéca* . .   Nós lembramos-nos.
     Enu Nu-chinganéca . .   Vós lembrais-vos.
     Ana A-chinganéca . .   Elles lembrão-se.

Preterito perfeito.

N. s. *Emmi Ghi-a-chinganéque*   Eu me lembrei.
     Eié Gu-a-chinganéque .   Tu te lembraste.
     Una U-a-chinganéque .   Elle lembrou-se.
N. p. *Ettu Tu-a-chinganéque* .   Nós lembramos-nos.
     Enu Nu-a-chinganéque .   Vós lembrastes-vos.
     Ana A-chinganéque . .   Elles lembrárão-se.

Futuro.

N. s. *Emmi Nga-chinganéca-yza*   Eu me lembrarei.
     Eié Gu-chinganéca-yza .   Tu te lembrarás.
     Una U-chinganéca-yza .   Elle se lembrará.
N. p. *Ettu Tu-chinganéca-yza*   Nós nos lembraremos.
     Enu Nu-chinganéca-yza   Vós vos lembrareis.
     Ana A-chinganéca-yza .   Elles se lembrarão.

Imperativo.

N. s. Não tem . . . . .   Não tem.
     Chinganéca Eié . . .   Lembra-te tu.
     U-chinganéca Una . .   Lembre-se elle.

Bundo.	Portuguez.
N. p. *Tu-chinganequ-éttu* . .	Lembremo-nos nós.
Chinganequ-énu . . .	Lembrai-vos vós.
A-chinganéque-Ana . .	Lembrem-se elles.

Presente do modo optativo, e conjunctivo.

N. s. *Se Emmi Nga-chinganéca* Se eu me lembrasse, ou que me lembre.

Preterito perfeito.

N. s. *Se Emmi Ghi-a-chinganéque* Se eu me lembrára, ou que me tivesse lembrado.

Futuro 1.

N. s. *Se Emmi Nga-chinganéca-yza* Se eu me lembrar.

Futuro 2.

N. s. *Emmi Quinghi-chinganéca-yza* Quando eu me lembrar.

Infinito impessoal.

Cuchinganéca . . . . . Lembrar-se.

Presente do infinito pessoal.

N. s. *Nga-cuchinganéca Emmi* Lembrar-me eu.

Preterito do infinito.

Amu-chinganéca . . . Ter-me lembrado.

Futuro do infinito.

N. s. *Emmi Quinghi-cuchinganéca-yza* Quando eu houver de me lembrar.

Bun-

Bundo. Portuguez.

Participio indeclinavel.

Quíngbi-chinganéca . . Lembrando.

Participio declinavel.

Cuchinganequ-éssa . . O que houver de lembrar, etc.

DO VERBO BUNDO *Cuandála* QUERER.

Presente do modo indicativo.

N. s. *Emmi Nga-nddála* . . . Eu quero.
Eié Gu-andála . . . Tu queres.
Una U-andála . . . . Elle quer.
N. p. *Ettu Tu-andála* . . . Nós queremos.
Enu Nu-andála . . . Vós quereis.
Ana A-nddála . . . . Elles querem.

Preterito perfeito.

N. s. *Emmi Ghi-a-ndaléle* . . Eu quiz, ou tenho querido.
Eié Gu-a-ndaléle . . . Tu quizeste, ou tens querido.
Una U-a-ndaléle . . . Elle quiz, ou tem querido.
N. p. *Ettu Tu-a-ndaléle* . . Nós quizemos, ou temos queri-
do.
Enu Nu-a-ndaléle . . Vós quizestes, ou tendes queri-
do.
Ana A-ndaléle . . . . Elles quizerão, ou tem querido.

Futuro.

N. s. *Emmi Nga-ndála-yza* . Eu quererei, ou hei-de querer.
Eié Gu-andála-yza . . Tu quererás, ou has-de querer.
Una U-audála-yza . . Elle quererá, ou ha-de querer.

Bundo.	Portuguez.
N. p. *Ettu Tu-andála-yza* . .	Nós quereremos, ou havemos de querer.
Enu Nu-andála-yza . .	Vós querereis, ou haveis de querer.
Ana A-ndála-yza . . .	Elles quererão, ou hão-de querer.

Não tem modo imperativo.

Presente do modo optativo, e conjuntivo.

N. s. *Se Emmi Nga-ndála*   . Se eu quizesse, ou que queira.

Preterito perfeito.

N. s. *Se Emmi Ghi-a-ndaléle* . Se eu quizera, ou tivesse querido.

Futuro 1.

N. s. *Se Emmi Nga-ndála-yza* Se eu quizer, ou tiver querido.

Futuro 2.

N. s. *Emmi Quínghi-andála* .	Eu quando quizer.
Eié Quiú-andála . . .	Tu quando quizeres.
Una Quid-andála . .	Elle quando quizer.
N. p. *Ettu Quíttu-andála* . .	Nós quando quizermos.
Enu Quínu-andála . .	Vós quando quizerdes.
Ana Quid-andála . .	Elles quando quizerem.

Infinito impessoal.

Cuandála . . . . . Querer.

Presente do infinito pessoal.

N. s. *Nga-Cuandála Emmi* . Querer eu.

Bun-

Bundo. Portuguez.

Preterito do infinito.

Amu-Cuandála . . . Ter querido.

Futuro do infinito.

N. s. *Emmi Quíngbi-Cuandála-yza*   Quando eu houver de querer.
Eié Quiú-Cuandála-yza   Quando tu houveres de querer.
Una Quiá-Cuandála-yza   Quando elle houver de querer.
N. p. *Ettu Quittu-Cuandála-yza*   Quando nós houvermos de querer.
Enu Quínu-Cuandála-yza   Quando vós houverdes de querer.
Ana Quiá-Cuandála-yza   Quando elles houverem de querer.

Participio indeclinavel.

Quíngbi-andála . . . Querendo.

Participio declinavel.

Cuandal-éssa . . . . O que quiz, ou quer.

DO VERBO BUNDO *Cuzuéla* FALLAR.

Presente do modo indicativo.

N. s. *Emmi Nga-zuéla* . . . Eu fallo.
Eié Gu-zuéla . . . . Tu fallas.
Una U·zuéla . . . . Elle falla.
N. p. *Ettu Tu-zuéla* . . . Nós fallamos.
Enu Nu-zuéla . . . . Vós fallais.
Ana A-zuéla . . . . Elles fallão.

Bundo.	Portuguez.

Preterito perfeito.

N. s. *Emmi Ghi-a-zueléle* . . Eu fallei, ou tenho fallado.
Eié Gu-a-zueléle . . . Tu fallaste, ou tens fallado.
Una U-a-zueléle . . . Elle fallou. ou tem fallado.
N. p. *Ettu Tu-a-zueléle* . . Nós fallamos, ou temos fallado.
Enu Nu-a-zueléle . . . Vós fallastes, ou tendes fallado.
Ana A-zueléle . . . . Elles fallárão, ou tem fallado.

Futuro.

N. s. *Emmi Nga-zuéla-yza* . Eu fallaréi, ou hei-de fallar.
Eié Gu-zuéla-yza . . Tu fallarás, ou has-de fallar.
Una U-zuéla-yza . . . Elle fallará, ou ha-de fallar.
N. p. *Ettu Tu-zuéla-yza* . . Nós fallaremos, ou havemos de fallar.
Enu Nu-zuéla-yza . . Vós fallareis, ou haveis de fallar.
Ana A-zuéla yza . . . Elles fallaráõ, ou hão-de fallar.

Imperativo.

N. s. Não tem . . . . . Não tem.
Zuéla Eié . . . . . Falla tu.
U-zuéle Una . . . . Falle elle.
N. p. *Tu-zuel-éttu* . . . . Fallemos nós.
Nu-zuel-énu . . . . Fallai vós.
A-zuéle Ana . . . . Fallem elles.

Presente do modo optativo, e conjunctivo.

N. s. *Se Emmi Nga-zuéla* . . Se eu fallasse, ou que falle.
Se Eié Gu-zuéla . . . . Se tu fallasses, ou que falles.
Se Una U-zuéla . . . . Se elle fallasse, ou que falle.
N. p. *Se Ettu Tu-zuéla* . . . Se nós fallassemos, ou que fallemos.
Se Enu Nu-zuéla . . Se vós fallasseis, ou que falleis.
Se Ana A-zuéla . . . Se elles fallassem, ou que fallem.

Bundo.   Portuguez.

Preterito perfeito.

N. s. *Se Emmi Ghi-a-zueléle* . Se eu fallára, ou tivesse fallado.

Futuro.

N. s. *Se Emmi Nga-zuéla-yza*   Se eu fallar, ou tiver fallado.

Futuro 2.

N. s. *Emmi Quínghi-zuéla-yza*   Quando eu fallar.
     Eié Quiú-zuéla-yza . .   Quando tu fallares.
     Una Quiá-zuéla-yza . .   Quando elle fallar.
N. p. *Ettu Quíttu-zuéla-yza* .   Quando nós fallarmos.
     Enu Quínu-zuéla-yza   .   Quando vós fallardes.
     Ana Quiá-zuéla-yza   i.   Quando elles fallarem.

Infinito impessoal.

Cuzuéla . . . . Fallar.

Presente do infinito pessoal.

N. s. *Nga-cuzuéla Emmi* . .   Fallar eu.

Preterito do infinito.

Amu-cuzuéla . . . . . Ter fallado.

Futuro do infinito.

N. s. *Emmi Quínghi-cuzuéla-*   Quando eu houver de fallar.
     yza
     Eié Quiri-cuzuéla-yza .   Quando tu houveres de fallar.
     Una Quiá-cuznéla-yza .   Quando elle houver de fallar.

Bundo.	Portuguez.
N. p. *Ettu Quíttu-cuzuéla-yza*	Quando nós houvermos de fallar.
Enu Quínu-cuzuéla-yza	Quando vós houverdes de fallar.
Ana Quiá-cuzuéla-yza .	Quando elles houverem de fallar.

Participio indeclinavel.

Quínghi-zuéla . . . Fallando.

Participio declinavel.

Cuzuel-éssa . . . . O que falla, ou tem fallado.

DO VERBO BUNDO *Cuzóla* AMAR.

Presente do modo indicativo.

N. s. *Emmi Nga-zóla*	Eu amo.
Eié Gu-zóla	Tu amas.
Una U-zóla	Elle ama.
N. p. *Ettu Tu-zóla*	Nós amamos.
Enu Nu-zóla	Vós amais.
Ana A-zóla	Elles amão.

Preterito perfeito.

N. s. *Emmi Ghi-a-zoléle* . .	Eu amei, ou tenho amado.
Eié Gu-a-zoléle . . .	Tu amaste, ou tens amado.
Una U-a-zoléle . . .	Elle amou, ou tem amado.
N. p. *Ettu Tu-a-zoléle* . . .	Nós amamos, ou temos amado.
Enu Nu-a-zoléle . . .	Vós amastes, ou tendes amado.
Ana A-zoléle	Elles amárão, ou tem amado.

Futuro.

N. s. *Emmi Nga-zóla-yza* .	Eu amarei, ou hei-de amar.
Eié Gu-zóla-yza . . .	Tu amarás, ou has-de amar.
Una U-zóla-yza . . .	Elle amará, ou ha-de amar.

Bun-

Bundo.	Portuguez.
N. p. *Ettu Tu-zóla-yza* . .	Nós amaremos, ou havemos de amar.
Enu Nu-zóla-yza . .	Vós amareis, ou haveis de amar.
Ana A-zóla-yza . . .	Elles amaráo, ou háo-de amar.

Imperativo.

N. s. Náo tem	Náo tem.
Zóla Eié	Ama tu.
Uzóle Una	Ame elle.
N. p. *Tu-zol-éttu*	Amemos nós.
Zol-énu	Amai vós.
A-zóle Ana	Amem elles.

Presente do modo optativo, e conjunctivo.

N. s. *Se Emmi Nga-zóla* . . Se eu amasse, ou que ame.

Preterito perfeito.

N. s. *Se Emmi Ghi-a-zoléle* . Se eu amara, ou tivesse amado.

Futuro 1.

N. s. *Se Emmi Ghi-zóla-yza* . Se eu amar, ou tiver amado.

Futuro 2.

N. s. *Emmi Quínghi-zóla-yza*	Quando eu amar.
Eié Quiú-zóla-yza . .	Quando tu amares.
Una Quid-zóla-yza . .	Quando elle amar.
N. p. *Ettu Quíttu-zóla-yza* .	Quando nós amarmos.
Enu Ouínu-zóla-yza .	Quando vós amardes.
Ana Quid-zóla-yza . .	Quando elles amarem.

Infinito presente impessoal.

Cuzóla . . . . . . Amar.

Bundo.   Portuguez.

Infinito presente pessoal.

N. s. *Nga-Cuzóla Emmi* . . Amar eu.

Infinito preterito.

Amu-Cuzóla . . . . Ter amado.

Infinito futuro.

N. s. *Emmi Quínghi-Cuzóla-yza*   Quando eu houver de amar.

Eié Quiú-Cuzóla-yza .   Quando tu houveres de amar.

Una Quiá-Cuzóla-yza .   Quando elle houver de amar.

N. p. *Ettu Quíttu-Cuzóla-yza*   Quando nós houvermos de amar.

Enu Quínu-Cuzóla-yza .   Quando vós houverdes de amar.

Ana Quiá-Cuzóla-yza .   Quando elles houverem de amar.

Participio indeclinavel.

Quínghi-zóla . . . . Amando.

Participio declinavel.

Cuzol-éssa . . . . . O que ama, ou tem amado.

DO VERBO BUNDO *Cuchála* FICAR.

Presente do modo indicativo.

N. s. *Emmi Nga-chála* . . Eu fico.

Eié Gu-chála . . . . Tu ficas.

Una U-chála . . . . Elle fica.

N. p. *Ettu Tu-chála* . . . Nós ficamos.

Enu Nu-chála . . . . Vós ficais.

Ana A-chála . . . . Elles ficão.

Bundo. Portuguez.

Preterito perfeito.

N. s. *Emmi Ghi-a-chaléle* . . Eu fiquei, ou tenho ficado.
Eié Gu-a-chaléle . . . Tu ficaste, ou tens ficado.
Una U-a-chaléle . . . Elle ficou, ou tem ficado.
N. p. *Ettu Tu-a-chaléle* . , Nós ficámos, ou temos ficado.
Enu Nu a-chaléle . . . Vós ficastes, ou tendes ficado.
Ana A-chaléle . . . . Elles ficárão, ou tem ficado.

Futuro.

N. s. *Emmi Nga-chála-yza* . Eu ficarei, ou hei-de ficar.
Eié Gu-chála-yza . . Tu ficarás, ou has-de ficar.
Una U-chála-yza . . . Elle ficará, ou ha-de ficar.
N. p. *Ettu Tu-chála-yza* . . . Nós ficaremos, ou havemos de ficar.
Enu Nu-chála-yza . . Vós ficareis, ou haveis de ficar.
Ana A-chála-yza . . . Elles ficárão, ou hão-de ficar.

Imperativo.

N. s. Náo tem . . . . . Náo tem.
Chála Eié . . . . . Fica tu. .
U-chále Una . . . . Fique elle.
N. p. *Tu-chal-éttu* . . . . Fiquemos nós.
Chal-énu . . . . . Ficai vós.
A-chále Ana . . . . Fiquem elles.

Presente do modo optativo, e conjuntivo.

N. s. *Se Emmi Nga-chála* . Se eu ficasse, ou que fique.

Preterito perfeito.

N. s. *Se Emmi Ghi-a-chaléle* . Se eu ficára, ou tivesse ficado.

Bundo.   Portuguez.

Futuro 1.

N. s. *Se Emmi Nga-chála-yza* Se eu ficar, ou tiver ficado.

Futuro 2.

N. s. *Emmi Quínghi-chála-yza* . Quando eu ficar.
   Eié Quiti-chála-yza . . Quando tu ficares.
   Una Quid-chála-yza . . Quando elle ficar.
N. p. *Ettu Quittu-chála-yza* . Quando nós ficarmos.
   Enu Quínu-chála-yza . Quando vós ficardes.
   Ana Quid-chála-yza , Quando elles ficarem.

Infinito presente impessoal.

Cuchála . . . . . . Ficar.

Infinito presente pessoal.

N. s. *Nga-cuchála Emmi* . . Ficar eu, etc.

Infinito preterito.

Amu-cuchála . . . . Ter ficado.

Futuro.

N. s. *Emmi Quínghi-cuchála-yza* Quando eu houver de ficar.
   Eié Quiti-cuchála-yza . Quando tu houveres de ficar.
   Una Quid-cuchála-yza . Quando elle houver de ficar.
N. p. *Ettu Quittu-cuchála-yza* Quando nós houvermos de ficar.
   Enu Quínu-cuchála-yza Quando vós houverdes de ficar.
   Ana Quid-cuchála-yza . Quando elles houverem de ficar.

Participio indeclinavel.

Quínghi-chála . . . . Ficando.

Bun-

Bundo.   **Portuguez.**

Participio declinavel.

Cuchal-éssa . . . . O que fica, ou tem ficado.

DO VERBO BUNDO *Culónga* ENSINAR.

Presente do modo indicativo.

N. s. *Emmi Nga-lónga* . . . Eu ensino.
    Eié Gu-lónga . . . . . Tu ensinas.
    Una U-lónga . . . . . Elle ensina.
N. p. *Ettu Tu-lónga* . . . . Nós ensinamos.
    Enu Nu-lónga . . . . Vós ensinais.
    Ana A-lónga . . . . . Elles ensináo.

Preterito perfeito.

N. s. *Emmi Ghi-a-longhéle* . . Eu ensinei, ou tenho ensinado.
    Eié Gu-a-longhéle . . Tu ensinaste, ou tens ensinado.
    Una U-a-longhéle . . . Elle ensinou, ou tem ensinado.
N. p. *Ettu Ta-a-longhéle* . . . Nós ensinámos, ou temos ensinado.
    Enu Nu-a-longhéle . . . Vós ensinastes, ou tendes ensinado.
    Ana A-longhéle . . . . . Elles ensinárão, ou tem ensinado.

Futuro.

N. s. *Emmi Nga-lónga-yza* . Eu ensinarei, ou hei-de ensinar.
    Eié Gu-lónga-yza . . . Tu ensinarás, ou has-de ensinar.
    Una U-lónga-yza . . . Elle ensinará, ou ha-de ensinar.
N. p. *Ettu Tu-lónga-yza* . . Nós ensinaremos, ou havemos de ensinar.
    Enu Nu-lónga-yza . . . Vós ensinareis, ou haveis de ensinar.
    Ana A-lónga-yza . . . Elles ensinarão, ou hão-de ensinar.

Bun-

Bundo.   Portuguéi.

Impérativo.

N. s. Não tem . . . . . . Não tem.
    Lónga Eié . . . . . . Ensina tu.
    U-lónghe Una . . . . . Ensine elle.
N. p. *Tu-longh-éttu* . . . . Ensinemos nós.
    Longh-énu . . . . . . Ensinai vós.
    A-lónghe Ana . . . . Ensinem elles.

Presente do optativo, e conjuntivo.

N. s. *Se Emmi Nga-lónga* . . Se eu ensinasse, ou que ensine.

Preterito perfeito.

N. s. *Se Emmi Ghi-a-longhéle* Se eu ensinára, ou tívesse ensi-
                                nado.

Futuro 1.

N. s. *Se Emmi Nga-lónga-yza* Se eu ensinar, eu tiver ensinado.

Futuro 2.

N. s. *Emmi Quínghi-lónga-yza* Quando eu ensinar.
    Eié Quití-lónga-yza . . Quando tu ensinares.
    Una Quid-lónga-yza . . Quando elle ensinar.
N. p. *Ettu Quittu-lónga-yza* . Quando nós ensinarmos.
    Enu Quinu-lónga-yza . Quando vós ensinardes.
    Ana Quid-lónga-yza . . Quando elles ensinarem.

Infinito presente impessoal.

   Culónga . . . . Ensinar.

Presente pessoal.

N. s. *Nga-Culónga Emmi* . . Ensinar eu, etc.

Bundo.   Portuguez.

Preterito.

Amu-culónga . . . . Ter ensinado.

Futuro.

N. s. *Emmi Quingbi-culónga-yza*   Quando eu houver de ensinar.

     Eié Quiú-culónga-yza .   Quando tu houveres de ensinar.

     Una Quid-culónga-yza .   Quando elle houver de ensinar.

N. p. *Ettu Quittu-culónga-yza* Quando nós houvermos de ensinar.

     Enu Quimu-culónga-yza   Quando vós houverdes de ensinar.

     Ana Quid-culónga-yza .   Quando elles houverem de ensinar.

Participio indeclinavel.

Quingbi-lónga . . . . Ensinando.

Participio declinavel.

Culongb-éssa . . . . O que ensina, ou tiver ensinado.

DO VERBO BUNDO *Cunbána* FURTAR.

Presente do modo indicativo.

N. s. *Emmi Nga-nbána* . . . Eu furto.

     Eié Gu-nbána . . . . Tu furtas.

     Una U-nbána . . . . . Elle furta.

N. p. *Ettu Tu-nbána* . . . . Nós furtamos.

     Enu Nu-nbána . . . . Vós furtais.

     Ana A-nbána . . . . . Elles furtão.

Bundo.	Portuguez.

Preterito perfeito.

	Bundo	Portuguez
N. s.	*Emmi Ghi-a-nbanéne*	Eu furtei, ou tenho furtado.
	Eié Gu-a-nhanéne	Tu furtaste, ou tens furtado.
	Una U-a-nhanéne	Elle furtou, ou tem furtado.
N. p.	*Ettu Tu-a-nhanéne*	Nós furtámos, ou temos furtado.
	Enu Nu-a-nhanéne	Vós furtastes, ou tendes furtado.
	Ana A-nbanéne	Elles furtárão, ou tem furtado.

Futuro.

	Bundo	Portuguez
N. s.	*Emmi Nga-nhána-yza*	Eu furtarei, ou hei-de furtar.
	Eié Gu-nhána-yza	Tu furtarás, ou has-de furtar.
	Una U-nhána-yza	Elle furtará, ou ha-de furtar.
N. p.	*Ettu Tu-nhána-yza*	Nós furtaremos, ou havemos de furtar.
	Enu Nu-nhána-yza	Vós furtareis, ou haveis de furtar.
	Ana A-nhána-yza	Elles furtarão, ou hão-de furtar.

Imperativo.

	Bundo	Portuguez
N. s.	*Não tem*	Não tem.
	Nhána Eié	Furta tu.
	U-nháne Una	Furte elle.
N. p.	*Tu-nhan-éttu*	Furtemos nós.
	Nhan-énu	Furtai vós.
	A-nháne Ana	Furtem elles.

Presente do modo optativo, e conjunctivo.

	Bundo	Portuguez
N. s.	*Se Emmi Nga-nhána*	Se eu furtasse, ou que eu furté

Preterito perfeito.

	Bundo	Portuguez
N. s.	*Se Emmi Ghi-a-nhanéne*	Se eu furtára, ou tivesse furtado.

Bundo.   Portuguez.

Futuro 1.

N. s. *Se Emmi Nga-nbána-yza* Se eu furtar, ou tiver furtado.

Futuro 2.

N. s. *Emmi Quínghi-nbána-yza* Quando eu furtar.
    Eié Quiú-nbána-yza . . Quando tu furtares.
    Una Quid-nbána-yza . Quando elle furtar.
N. p. *Ettu Quittu-nbána-yza* Quando nós furtarmos.
    Enu Quínu-nbána-yza . Quando vós furtardes.
    Ana Quid-nbána-yza . Quando elles furtarem.

Infinito presente impessoal.

Cunbána . ¨ . . . . . Furtar.

Infinito presente pessoal.

N. s. *Nga-cunbána Emmi* . . Furtar eu, etc.

Preterito perfeito.

Amu-cunbána . . . . . Ter Furtado.

Futuro.

N. s. *Emmi Quínghi-cunbána yza* Quando eu houver de furtar.
    Eié Quiú-cunbána-yza . Quando tu houveres de furtar.
    Una Quid-cunbána-yza . Quando elle houver de furtar.
N. p. *Ettu Quittu-cunbána-yza* Quando nós houvermos de furtar.
    Enu Quínu-cunbána-yza Quando vós houverdes de furtar.
    Ana Quid-cunbána-yza Quando elles houverem de furtar.

Participio indeclinavel.

Quínghi-nbána . . . . Furtando.

Bun-

Participio declinavel.

... *Gubax-issa* ... ... O que furta, ou tem furtado. ...

DO VERBO BUNDO: *Cucaletála* TRABALHAR.

... Presente do modo indicativo. ...

N. s. *Emmi Nga-calacála* . . . Eu trabalho.
 Eié Gu-calacála . . . Tu trabalhas.
 Una U-calacála . . . Elle trabalha.
N. p. *Ettu Tu-calacála* . . . Nós trabalhamos.
 Enu Nu-calacála . . . Vós trabalhais.
 Ana A-calacála . . . . Elles trabalhão.

Preterito perfeito. . . . ...

N. s. *Emmi Ghi-a-calacaléle* . . Eu trabalhei, ou tenho trabalhado.
 Eié Gu-a-calacaléle . . Tu trabalhaste, ou tens trabal-
 lhado.
 Una U-a-calacaléle . . . Elle trabalhou, ou tem trabalhado.
N. p. *Ettu Tu-a-calacaléle* . . Nós trabalhámos, ou temos trabalhado.
 Enu Nu-a-calacaléle . . Vós trabalhastes, ou tendes trabalhado.
 Ana A-calacaléle . . . Elles trabalhárão, ou tem trabalhado.

Futuro.

N. s. *Emmi Nga-calacála-yza* Eu trabalharei, ou hei-de trabalhar.
 Eié Gu-calacála-yza . . Tu trabalharás, ou has-de trabalhar.
 Una U-calacála-yza . . Elle trabalhará, ou ha-de trabalhar.

Bundo.	Portuguez.

N. p. *Ettu Tu-calacála-yza* . Nós trabalharemos, ou havemos
de trabalhar.

Enu Nu-calacála-yza . Vós trabalhareis , ou haveis de
trabalhar.

Ana A-calacála-yza . . Elles trabalhárão , ou hão-de trabalhar.

Imperativo.

N. s. Não tem . . . . . Não tem.
    Calacála Eié . . . . Trabalha tu.
    U-calacále Una . . . Trabalhe elle.
N. p. *Tu-calacal-éttu* . . . Trabalhemos nós.
    Calacal-énu . . . . . Trabalhai vós.
    A-calacále Ana . . . . Trabalhem elles.

Presente do optativo, e conjuntivo.

N. s. *Se Emmi Nga-calacála* . Se eu trabalhasse, ou trabalhe.

Preterito perfeito.

N. s. *Se Emmi Ghi-a-calacálé* Se eu trabalhára, ou tivesse trabalhado.

Futuro 1.

N. s. *Se Emmi Nga-calacála-* Se eu trabalhar, ou tiver traba-
    yza lhado.

Futuro 2.

N. s. *Emmi Quinghi-calacála-* Quando eu trabalhar.
    yza
    Eié Quiú-calacála-yza . Quando tu trabalhares.
    Una Quiá-calacála-yza . Quando elle trabalhar.

O Bun-

Bundo.	Portuguez.
N. p. *Ettu Quittu-calacála-yza*	Quando nós trabalharmos.
Enu Quínu calacála-yza	Quando vós trabalhardes.
Ana Quid-calacála-yza .	Quando elles trabalharem.

Infinito presente impessoal.

Cucalacála . . . . . Trabalhar.

Presente pessoal.

N. s. *Nga-cucalacála Emmi* . Trabalhar eu.

Preterito.

Amu-cucalacála . . . Ter trabalhado.

Futuro.

N. s. *Emmi Quínghi-cucalacála-yza*	Quando eu houver de trabalhar.
Eié Quiú-cucalacála-yza	Quando tu houveres de trabalhar.
Una Quid-cucalacála-yza	Quando elle houver de trabalhar.
N. p. *Ettu Quittu-cucalacála-yza*	Quando nós houvermos de trabalhar.
Enu Quínu-cucalacála-yza	Quando vós houverdes de trabalhar.
Ana Quid-cucalacála-yza	Quando elles houverem de trabalhar.

Participio indeclinavel.

Quínghi-calacála . . . Trabalhando.

Participio declinavel.

Cucalacal-éssa . . . . O que trabalha, ou tem trabalhado.

Bun-

Bundo.   Portuguéz.

VERBOS ABUNDOS DA SEGUNDA CONJUGAÇÃO.

DO VERBO BUNDO *Cumóna* VER.

Presente do modo indicativo.

N. s. *Emmi Nghi-móna* . . Eu vejo.
     Eié Gu-móna . . . . Tu vês.
     Una U-móna . . . . Elle vê.
N. p. *Ettu Tu-móna* . . . . Nós vemos.
     Enu Nu-móna . . . . Vós vedes.
     Ana A-móna . . . . Elles vem.

Preterito perfeito.

N. s. *Emmi Ghi-a-móne* . . Eu vi, ou tenho visto.
     Eié Gu-a-móne . . . Tu viste, ou tens visto.
     Una U-a-móne . . . Elle vio, ou tem visto.
N. p. *Ettu Tu-a-móne* . . . Nós vimos, ou temos visto.
     Enu Nu-a-móne . . . Vós vistes, ou tendes visto.
     Ana A-móne . . . . Elles virão, ou tem visto.

Futuro.

N. s. *Emmi Nghi-móna-yza* . Eu verei, ou hei-de ver.
     Eié Gu-móna-yza . . Tu verás, ou has-de ver.
     Una U-móna-yza . . . Elle verá, ou ha-de ver.
N. p. *Ettu Tu-móna-yza* . . Nós veremos, ou havemos-de
                     ver.
     Enu Nu-móna-yza . . Vós vereis, ou haveis de ver.
     Ana A-móna-yza . . . Elles verão, ou hão-de ver.

Imperativo.

N. s. Náo tem . . . . . Náo tem.
     Móna Eié . . . . . Vê tu.
     U-móna Una . . . . Veja elle.

Bundo.	Portuguez.
N. p. *Tu-mon-éttu*	Vejamos nós.
Mon-énu	Vede vós.
A-móne Ana	Vejão elles.

Presente do optativo, e conjunctivo.

N. s. *Se Emmi Nghi-móna* . Se eu visse, ou que visse.

Preterito perfeito.

N. s. *Se Emmi Ghi-a-monéne* . Se eu víra, ou tivesse visto.

Futuro 1.

N. s. *Se Emmi Nghi-móna-yza* Se eu vir, ou tiver visto.

Futuro 2.

N. s. *Emmi Quínghi-móna-yza*	Quando eu vir.
Eié Quiú-móna-yza . .	Quando tu vires.
Una Quiá-móna-yza . .	Quando elle vir.
N. p. *Ettu Quittu-móna-yza* .	Quando nós virmos.
Enu Quínu-móna-yza .	Quando vós virdes.
Ana Quiá-móna-yza . . .	Quando elles virem.

Infinito presente impessoal.

Cumóna . . . . . Ver.

Presente pessoal.

N. s. *Nghi-cumóna Emmi* . . Ver eu.

Preterito.

Amu-cumóna . . . . Ter visto.

Bundo. Portuguez.

Futuro.

N. s. *Emmi Quinghi-cumóna-* Quando eu houver de ver.
   yza
  Eié Quiú-cumóna-yza . Quando tu houveres de ver.
  Uua Quid-cumóna-yza . Quando elle houver de ver.
N. p. *Ettu Quittu-cumóna-yza* Quando nós houvermos de ver.
  Enu Quinu-cumóna-yza Quando vós houverdes de ver.
  Ana Quid-cumóna-yza . Quando elles houverem de ver.

Participio indeclinavel.

Quinghi-móna . . . . Vendo.

Participio declinavel.

Cumon-éssa . . . . . O que vê, ou tem visto.

CONJUGAÇÃO DO VERBO BUNDO *Cubínca* PEDIR.

Presente do modo indicativo.

N. s. *Emmi Nghi-bínca* . . Eu peço.
  Eié Gu-bínca . . . . Tu pedes.
  Una U-bínca . . . . Elle pede.
N. p. *Ettu Tu-bínca* . . . Nós pedimos.
  Enu Nu-bínca . . . . Vós pedis.
  Ana A-bínca . . . . Elles pedem.

Preterito perfeito.

N. s. *Emmi Ghi-a-bínque* . . Eu pedi, ou tenho pedido.
  Eié Gu-a-bínque . . . Tu pediste, ou tens pedido.
  Una U-a-bínque . . . Elle pedio, ou tem pedido.
N. p. *Ettu Tu-a-bínque* . . . Nós pedimos, ou temos pedido.
  Enu Nu-a-bínque . . . Vós pedistes, ou tendes pedido.
  Ana A-bínque . . . . Elles pedírão, ou tem pedido.

Bundo.   Portuguez.

Futuro.

N. s. *Emmi Nghi-binca-yza* .   Eu pedirei, ou hei-de pedir.
     Eié Gu-binca-yza . .   Tu pedirás, ou has-de pedir.
     Una U-binca-yza . . .   Elle pedirá, ou ha-de pedir.
N. p. *Ettu Tu-binca-yza* . .   Nós pediremos, ou havemos-de
                        pedir.
     Enu Nu-binca-yza . .   Vós pedireis, ou haveis-de pe-
                        dir.
     Ana A-binca-yza . . .   Elles pedirão, ou hão-de pedir.

Imperativo.

N. s. Não tem . . . . .   Não tem.
     Binca Eié . . . . .   Pede tu.
     U-binque Una . . . .   Peça elle.
N. p. *Tu-binqu-éttu* . . . .   Peçamos nós.
     Binqu-énu . . . . .   Pedí vós.
     A-binque Ana . . . .   Peção elles.

Presente do modo optativo, e conjunctivo.

N. s. *Se Emmi Nghi-binca* .   Se eu pedisse, ou que peça.

Preterito perfeito.

N. s. *Se Emmi Ghi-a-binquilé*   Se eu pedíra, ou tivesse pedido.

Futuro 1.

N. s. *Se Emmi Nghi-binca-yza*   Se eu pedir, ou tiver pedido.

Futuro 2.

N. s. *Emmi Quinghi-binca-yza*   Quando eu pedir.
     Eié Quiú-binca-yza . . .   Quando tu pedires.
     Una Quid-binca-yza . . .   Quando elle pedir.

Bundo.	Portuguez.
N. p. *Ettu Quittu-binca-yza* .	Quando nós pedirmos.
Enu Quinu-biuca-yza .	Quando vós pedirdes.
Ana Quid-binca-yza	Quando elles pedirem.

Infinito presente impessoal.

Cubinca . . . . . . Pedir.

Infinito presente pessoal.

N. s. *Nghi-cubinca Emmi* . . Pedir eu.

Infinito preterito.

Amu-cubinca . . . . Ter pedido.

Infinito futuro.

N. s. *Emmi Quinghi-cubinca-* *yza*	Quando eu houver de pedir.
Eié Quiú-cubinca-yza :	Quando tu houveres de pedir.
Una Quid-cubinca-yza .	Quando elle houver de pedir.
N. p. *Ettu Quittu-cubinca-yza*	Quando nós houvermos de pedir.
Enu Quinu-cubinca-yza	Quando vós houverdes de pedir.
Ana Quid-cubinca-yza .	Quando elles houverem de pedir.

Participio indeclinavel.

Quinghi-binca . . . . Pedindo.

Participio declinavel.

Cubinqu-issa . . . . . O que pede, ou tem pedido.

CONJUGAÇÃO DO VERBO *Cutála* OLHAR.

Presente do modo indicativo.

Bundo.	Portuguez.
N. s. *Emmi Nghi tála* . . .	Eu olho.
Eié Gu-tála	Tu olhas.
Una U-tála	Elle olha.
N. p. *Ettu Tu-tála*	Nós olhamos.
Enu Nu-tála	Vós olhais.
Ana A-tála . . .	Elles olhão.

Preterito perfeito.

N. s. *Emmi Ghi-a-taléle* . .	Eu olhei, ou tenho olhado.
Eié Gu-a-taléle . . .	Tu olhaste, ou tens olhado.
Una U-a-taléle . . .	Elle olhou, ou tem olhado.
N. p. *Ettu Tu-a-taléle* . . .	Nós olhámos, ou temos olhado.
Enu Nu-a-taléle . . .	Vós olhastes, ou tendes olhado.
Ana A-taléle	Elles olhárão, ou tem olhado.

Futuro.

N. s. *Emmi Nghi-tála-yza* .	Eu olharei, ou hei-de olhar.
Eié Gu-tála-yza . . .	Tu olharás, ou has-de olhar.
Una U-tála-yza . . .	Elle olhará, ou ha-de olhar.
N. p. *Ettu Tu-tála-yza* . .	Nós olháremos, ou havemos-de olhar.
Enu Nu-tála-yza . . .	Vós olhareis, ou haveis-de olhar.
Ana A-tála-yza . . .	Elles olharão, ou hão-de olhar.

Imperativo.

N. s. Não tem	Não tem.
Tála Eié	Olha tu.
U-tále Una	Olhe elle.

Bun-

Bundo.	Portuguez.
N. p. *Tu-tal-éttu*	Olhemos nós.
Tal-énu	Olhai vós.
A-tále Ana	Olhem elles.

Presente do optativo, e conjuntivo.

N. s. *Se Emmi Nghi-tála* . . Se eu olhasse, ou que olhe.

Preterito perfeito.

N. s. *Se Emmi Ghi-a-taléle* . . Se eu olhára, ou tivesse olhado.

Futuro 1.

N. s. *Se Emmi Nghi-tála-yza* . . Se eu olhar, ou tiver olhado.

Futuro 2.

N. s. *Emmi Quíngbi-tála-yza*	Quando eu olhar.
Eié Quiú-tála-yza . .	Quando tu olhares.
Una Quid-tála-yza . .	Quando elle olhar.
N. p. *Ettu Quíttu-tála-yza* .	Quando nós olharmos.
Enu Quínu-tála-yza . .	Quando vós olhardes.
Ana Quid-tala-yza . .	Quando elles olharem.

Infinito presente impessoal.

Cutála . . . . . . Olhar.

Infinito presente pessoal.

N. s. *Nghi-cutála Emmi* . . Olhar eu, etc.

Infinito preterito.

Amu-cutála . . . . Ter olhado.

Bundo.	Portuguez.

Infinito futuro.

N. s. *Emmi Quíngbi-cutála-yza* — Quando eu houver de olhar.
Eie Quiú-cutála-yza . Quando tu houveres de olhar.
Una Quiá-cutál-yza . Quando elle houver de olhar.
N. p. *Ettu Quíttu-cutála-yza* Quando nós houvermos de olhar.
Enu Quínu-cutála-yza . Quando vós houverdes de olhar.
Ana Quiá-cutála-yza . Quando elles houverem de olhar.

Participio indeclinavel.

Quínghi-tála . . . . . Olhando.

Participio declinavel.

Cutal-éssa . . . . . . O que olha.

CONJUGAÇÃO DO VERBO BUNDO *Cucámba* FALTAR.

Presente do modo indicativo.

N. s. *Emmi Ngbi-cámba* . . Eu falto.
Eié Gu-cámba . . . Tu faltas.
Una U-cámba . . . . Elle falta.
N. p. *Ettu Tu-cámba* . . . Nós faltamos.
Enu Nu-cámba . . . Vós faltais.
Ana A-cámba . . . . Elles faltão. . .

Preterito perfeito.

N. s. *Emmi Ghi-a-cambéle* . . Eu faltei, ou tenho faltado.
Eié Gu-a-cambéle . . . Tu faltaste, ou tens faltado.
Una U-a-cambéle . . . Elle faltou, ou tem faltado.
N. p. *Ettu Tu-a-cambéle* . . Nós faltámos, ou temos faltado.
Enu Nu a-cambéle . . Vós faltastes, ou tendes faltado.
Ana A-cambéle . . . Elles faltárão, ou tem faltado.

Bundo.   Portuguez.

Futuro.

N. s. *Emmi Nghi-cámba-yza* . Eu faltarei, ou hei-de faltar.
    Eié Gu-cámba-yza . . Tu faltarás, ou has-de faltar.
    Una U-cámba-yza . . Elle faltará, ou ha-de faltar.
N. p. *Ettu Tu-cámba-yza* . . Nós faltaremos, ou havemos-de
                        faltar.
    Enu Nu-cámba-yza . . Vós faltareis, ou haveis-de faltar.
    Ana A-cámba-yza . . Elles faltaráo, ou háo-de faltar.

Imperativo.

N. s. Náo tem . . . . . Náo tem.
    Cámba Eié . . . . . Falta tu.
    U-cámbe Una . . . . Falte elle.
N. p. *Tu-camb-éttu* . . . . Faltemos nós.
    Camb-énu . . . . . Faltai vós.
    A-cámbe Ana . . . . Faltem elles.

Presente do modo optativo, e conjuntivo.

N. s. *Se Emmi Nghi-cámba* . Se eu faltasse, ou que falte.

Preterito perfeito.

N. s. *Se Emmi Ghi-a-cambéle* Se eu faltára, ou tivesse faltado.

Futuro 1.

N. s. *Se Emmi Nghi-cámba-* Se eu faltar, ou tiver faltado.
    yza

Futuro 2.

N. s. *Emmi Quínghi-cámba-* Quando eu faltar.
    yza
    Eié Quiú-cámba-yza . Quando tu faltares.
    Una Quiá-cámba-yza . Quando elle faltar.

Bundo.	Portuguez.

N. p. *Ettu Quittu-cámba-yza* Quando nós faltarmos.
Enu Quinu-cámba-yza . Quando vós faltardes.
Ana Quid-cámba-yza . Quando elles faltarem.

Infinito presente impessoal.

Cucámba . . . . . Faltar.

Infinito presente pessoal.

N. s. *Ngbi-cucámba Emmi* . . Faltar eu.

Infinito preterito.

Amu-cucámba . . . . Ter faltado.

Infinito futuro.

N. s. *Emmi Quingbi-cucámba-yza* Quando eu houver de faltar.
Eié Quiú-cucámba-yza . Quando tu houveres de faltar.
Una Quid-cacámba-yza . Quando elle houver de faltar.
N. p. *Ettu Quittu-cucámba-yza* Quando nós houvermos de faltar.
Enu Quinu-cucámba-yza Quando vós houverdes de faltar.
Ana Quid-cucámba-yza . Quando elles houverem de faltar.

Participio indeclinavel.

Quingbi-cámba. . . . Faltando.

Participio declinavel.

Cucamb-éssa . . . . O que falta, ou tem faltado.

Bundo. Portuguez.

DO VERBO BUNDO. *Cúria* COMER.

Presente do modo indicativo.

N. s. *Emmi Nghí-ria* . . . Eu como.
    Eié Gú-ria . . . . . Tu comes.
    Una U-ria . . . . . Elle come.
N. p. *Ettu Tú-ria* . . . . Nós comemos.
    Enu Nú-ria . . . . Vós comeis.
    Ana A-ria . . . . . Elles comem.

Preterito perfeito.

N. s. *Emmi Ghi-a-ríle* . . . Eu comi, ou tenho comido.
    Eié Gu-a-ríle . . . . Tu comeste, ou tens comido.
    Una U-a-ríle . . . . Elle comeo, ou tem comido.
N. p. *Ettu Tu-a-ríle* . . . Nós comemos, ou temos comido.
    Enu Nu-a-ríle . . . Vós comestes, ou tendes comido.
    Ana A-ríle . . . . . Elles comêrão, ou tem comido.

Futuro.

N. s. *Emmi Nghí-ria-yza* . . Eu comerei, ou hei-de comer.
    Eié Gú-ria-yza . . . Tu comerás, ou has-de comer.
    Una U-ria-yza . . . . Elle comerá, ou ha-de comer.
N. p. *Ettu Tú-ria-yza* . . . Nós comeremos, ou havemos-de comer.
    Enu Nú-ria-yza . . . Vós comereis, ou haveis-de comer.
    Ana A-ria-yza . . . Elles comerão, ou hão-de comer.

Imperativo.

N. s. *Não tem* . . . . . Não tem.
    Ria Eié . . . . . . Come tu.
    U-rie Una . . . . . Coma elle.

Bundo.	Portuguez.
N. p. *Tu-ri-éttu*	Comamos nós.
Ri-énu	Comei vós.
A-rie Ana	Comão elles.

Presente do modo optativo, e conjunctivo.

N. s. *Se Emmi Nghí-ria* . . Se eu comesse, ou que coma.

Preterito perfeito.

N. s. *Se Emmi Ghi-a-ríle* . . Se eu comera, ou tivesse. comi-do.

Futuro 1.

N. s. *Se Emmi Nghí-ria-yza* . Se eu comer, ou tiver comido.

Futuro. 2.

N. s. *Emmi Quinghi-ria-yza* .	Quando eu comer.
Eié Quiú-ria-yza . .	Quando tu comeres.
Una Quid-ria-yza . .	Quando elle comer.
N. p. *Ettu Quittu-ria-yza* .	Quando nós comermos.
Enu Quínu-ria-yza . .	Quando vós comerdes.
Ana Quiá-ria-yza . .	Quando elles comerem.

Infinito presente impessoal.

Cúria . . . . Comer.

Presente pessoal.

N. s. *Nghi-cúria Emmi* . . Comer eu.

Preterito.

Amu-cúria . . . . . . Ter comido.

Bundo.   Portuguez.

Futuro.

N. s. *Emmi Quinghi-cúria-yza*   Quando eu houver de comer.
   Eié Quiú-cúria-yza . .   Quando tu houveres de comer.
   Una Quid-cúria-yza . .   Quando elle houver de comer.
N. p. *Ettu Quittu-cúria-yza* .   Quando nós houvermos de comer.
   Enu Quinu-cúria-yza .   Quando vós houverdes de comer.
   Ana Quiá-cúria-yza . .   Quando elles houverem de comer.

Participio impessoal.

Quinghi-ria . . . .   Comendo.

Participio pessoal.

Curi-éssa . . . . .   O que come.

DO VERBO BUNDO *Cussumbíssa* VENDER.

Presente do modo indicativo.

N. s. *Emmi Nghi-ssumbíssa* .   Eu vendo.
   Eié Gu-ssumbíssa . .   Tu vendes.
   Una U ssumbíssa . . .   Elle vende.
N. p. *Ettu Tu-ssumbíssa* . .   Nós vendemos.
   Enu Nu-ssumbíssa . .   Vós vendeis.
   Ana A-ssumbíssa . . .   Elles vendem.

Preterito perfeito.

N. s. *Emmi Ghi-a-ssumbísse* .   Eu vendi, ou tenho vendido.
   Eié Gu-a-ssumbísse . .   Tu vendeste, ou tens vendido.
   Una U-a-ssumbísse . .   Elle vendeo, ou tem vendido.
N. p. *Ettu Tu-a-ssumbísse* .   Nós vendemos, ou temos vendido.
   Enu Nu-a-ssumbísse . .   Vós vendestes, ou tendes vendido.
   Ana A-ssumbísse . . .   Elles vendêrão, ou tem vendido.

.Bundo.   Portuguez.

Futuro.

N. s. *Emmi Nghi-ssumbissa-*   Eu venderei , ou hei-de vender.
     yza
     Eié Gu-ssumbissa-yza .   Tu venderás , ou has-de vender.
     Una U-ssumbissa-yza .   Elle venderá , ou ha-de vender.
N. p. *Ettu Tu ssumbissa-yza* .   Nós venderemos , ou havemos-de
                             vender.
     Enu Nu-ssumbissa-yza .   Vós vendereis , ou haveis-de ven-
                             der.
     Ana A-ssumbissa-yza .   Elles venderáo , ou háo-de ven-
                             der.

Imperativo.

N. s. Náo tèm . . . . .   Náo tem.
     Sumbissa Eié . . . .   Vende tu.
     U-ssumbisse Una . . .   Venda elle.
N. p. *Tu-ssumbiss-éttu* . . .   Vendamos nós.
     Sumbiss-énu. . . . .   Vendei vós.
     A-ssumbisse Ana . . .   Vendáo elles.

Presente do modo optativo, e conjuntivo.

N. s. *Se Emmi Nghi-ssumbissa*   Se eu vendesse , ou que venda.

Preterito perfeito.

N. s. *Se Emmi Ghi-a-ssumbisse*   Se eu vendera , ou tivesse vendi-
                             do.

Futuro I.

N. s. *Se Emmi Nghi-ssumbis-*   Se eu vender , ou tiver vendido.
     sa-yza

Bundo.   Portuguez.

Futuro 2.

N. s. *Emmi Quingbi-ssumbis-*   Quando eu vender.
    sa-yza
    Eié Quiu-ssumbissa-yza   Quando tu venderes.
    Una Quid-ssumbissa-yza   Quando elle vender.
N. p. *Ettu Quittu-ssumbissa-*   Quando nós vendermos.
    yza
    Enu Quinu-ssumbissa-   Quando vós venderdes.
    yza
    Ana Quid-ssumbissa-yza   Quando elles venderem.

Infinito presente impessoal.

Cussumbissa . . . . . Vender.

Presente pessoal.

N. s. *Ngbi-cussumbissa Emmi* Vender eu.

Preterito.

Amu-cussumbissa . . . . Ter vendido.

Futuro.

N. s. *Emmi Quingbi-cussum-* Quando eu houver de vender.
    bissa-yza
    Eié Quiu-cussumbissa- Quando tu houveres de vender.
    yza
    Una Quid-cussumbissa- Quando elle houver de vender.
    yza
N. p. *Ettu Quittu-cussumbis-* Quando nós houvermos de ven-
    sa-yza   der.
    Enu Quinu-cussumbissa- Quando vós houverdes de ven-
    yza   der.
    Ana Quid-cussumbissa- Quando elles houverem de ven-
    yza   der.

                Q   Bun-

| Bundo. | Portuguez. |

Participio indeclinavel.

Quinghi-ssumbissa . . Vendendo.

Participio declinavel.

Cussumbiss-íla . . . . O que vende.

DO VERBO BUNDO *Cussúmba* COMPRAR.

Presente do modo indicativo.

N. s.	*Emmi Nghi-ssúmba* . .	Eu compro.
	Eié Gu-ssúmba . . .	Tu compras.
	Una U-ssúmba . . .	Elle compra.
N. p.	*Ettu Tu-ssúmba* . . .	Nós compramos.
	Enu Nu-ssúmba . . .	Vós comprais.
	Ana A-ssúmba . . .	Elles comprão.

Pretérito perfeito.

N. s.	*Emmi Ghi-a-ssúmbe* . .	Eu comprei, ou tenho comprado.
	Eié Gu-a-ssúmbe . . .	Tu compraste, ou tens compra-do.
	Una U-a-ssúmbe . . .	Elle comprou, ou tem compra-do.
N. p.	*Ettu Tu-a-ssúmbe* . . .	Nós comprámos, ou temos com-prado.
	Enu Nu-a-ssúmbe . . .	Vós comprastes, ou tendes com-prado.
	Ana A-ssúmbe	Elles comprárão, ou tem com-prado.

Bundo.   Portuguez

Futuro.

N. s. *Emmi Nghi-ssúmba-yza*   Eu comprarei , ou hei-de comprar.

    Eié Gu-ssúmba-yza   Tu comprarás , ou has-de comprar.

    Una U-ssúmba-yza   Elle comprará , ou ha-de comprar.

N. p. *Ettu Tu-ssúmba-yza*   Nós compraremos , ou havemos-de comprar.

    Enu Nu-ssúmba-yza   Vós comprareis , ou haveis-de comprar.

    Ana A-ssúmba-yza   Elles comprarão , ou hão-de comprar.

Imperativo.

N. s. Não tem . . . . . Não tem.
    Súmba Eié . . . . . Compra tu.
    U-ssúmbe Una . . . . Compre elle.
N. p. *Tu-ssumb-éttu* . . . Compremos nós.
    Sumb-énu . . . . Comprai vós.
    A-ssúmbe Ana . . . . Comprem elles.

Presente do modo optativo, e conjunctivo.

N. s. *Se Emmi Nghi-ssúmba* . Se eu comprasse , ou que compre.

Preterito perfeito.

N. s. *Se Emmi Ghi-a-ssúmbe* . Se eu comprára , ou tivesse comprado.

Futuro I.

N. s. *Se Emmi Nghi-ssúmba-yza*   Se eu comprar , ou tiver comprado.

Q ii   Bun-

Bundo. Portuguez.

Futuro 2.

Bundo	Portuguez
N. s. *Emmi Quingbi-ssúmba-yza*	Quando eu comprar.
Eié Quini-ssúmba-yza .	Quando tu comprares.
Una Quiá-ssúmba-yza .	Quando elle comprar.
N. p. *Ettu Quittu-ssúmba-yza*	Quando nós comprarmos.
Enu Quínu-ssúmba-yza	Quando vós comprardes.
Ana Quid ssúmba-yza .	Quando elles comprarem.

Infinito presente impessoal.

Cussúmba . . . . . Comprar.

Presente pessoal.

N. s. *Nghi-cussúmba Emmi* . Comprar eu.

Perfeito.

Amu-cussúmba . . . . Ter comprado.

Futuro.

Bundo	Portuguez
N. s. *Emmi Quínghi-cussúmba-yza*	Quando eu houver de comprar.
Eié Quiá-cussúmba-yza	Quando tu houveres de comprar.
Una Quiá-cussúmba-yza	Quando elle houver de comprar.
N. p. *Ettu Quittu-cussúmba-yza*	Quando nós houvermos de comprar.
Enu Quínu-cussúmba-yza	Quando vós houverdes de comprar.
Ana Quiá-cussúmba-yza	Quando elles houverem de comprar.

Participio indeclinavel.

Quínghi-ssúmba . . . Comprando.

Bundo.   Portuguez.

Participio declinavel.

Cussumb-ila . . . . . O que compra.

DO VERBO BUNDO *Cutucúila* ARRANCAR.

Presente do modo indicativo.

N. s. *Emmi Nghi tucúla* . . Eu arranco.
      Eié Gu-tucúla . . . . Tu arrancas.
      Una U-tucúla . . . . Elle arranca.
N. p. *Ettu Tu-tucúla* . . . Nós arrancamos.
      Enu Nu-tucúla . . . Vós arrancais.
      Ana A-tucúla . . . . Elles arrancão.

Preterito perfeito.

N. s. *Emmi Ghi-a-tucúle* . . Eu arranquei, ou tenho arranca-
                                 do.
      Eié Gu-a-tucúle . . . Tu arrancaste, ou tens arrancado.
      Una U-a-tucúle . . . Elle arrancou, ou tem arrancado.
N. p. *Ettu Tu-a-tucúle* . . . Nós arrancámos, ou temos ar-
                                 rancado.
      Enu Nu-a-tucúle . . . Vós arrancastes, ou tendes ar-
                                 rancado.
      Ana A-tucúle . . . . Elles arrancárão, ou tem arran-
                                 cado.

Futuro.

N. s. *Emmi Nghi-tucúla-yza* . Eu arrancarei, ou hei-de arran-
                                 car.
      Eié Gu-tucúla-yza . . Tu arrancarás, ou has-de arran-
                                 car.
      Una U-tucúla-yza . . Elle arrancará, ou ha-de arran-
                                 car.

                                               Bun-

Bundo.	Portuguez.
N. p. *Ettu Tu-tucúla-yza* . .	Nós arrancaremos, ou havemos-de arrancar.
Enu Nu-tucúla-yza . . .	Vós arrancareis, ou haveis-de arrancar.
Ana A-tucúla-yza . . .	Elles arrancárão, ou hão-de arrancar.

Imperativo.

N. s. Não tem	Não tem.
Tucúla Eié	Arranca tu.
U-tucúla Una . . .	Arranque elle.
N. p. *Tu-tucul-éttu* . . .	Arranquemos nós.
Tucul-énu	Arrançai vós.
A-tucúle	Arranquem elles.

Presente do modo optativo, e conjuntivo.

N. s. *Se Emmi Nghi-tucúla* . Se eu arrancasse, ou que arranque.

Preterito perfeito.

N. s. *Se Emmi Ghi-tucúle* : Se eu arrancára, ou tivesse arrancado.

Futuro 1.

N. s. *Se Emmi Nghi-tucúla-yza* Se eu arrancar, ou tiver arrancado.

Futuro 2.

N. s. *Emmi Quinghi-tucúla-yza*	Quando eu arrancar.
Eié Quiú-tucúla-yza . .	Quando tu arrancares.
Una Quiá-tucúla-yza .	Quando elle arrancar.

	Bundo.	Portuguez.
N. p.	*Ettu Quittu-tuciila-yza*	Quando nós arrancarmos.
	Enu Quinu-tuciila-yza	Quando vós arrancardes.
	Ana Quiá-tuciila-yza	Quando elles arrancarem.

Infinito presente impessoal.

Cutuciila	Arrancar.

Presente pessoal.

N. s.	*Nghi-cutuciila Emmi*	Arrancar eu.

Preterito.

Amu-cutuciila	Ter arrancado.

Futuro.

N. s.	*Emmi Quinghi-cutuciila-yza*	Quando eu houver de arrancar.
	Eié Quiú-cutuciila-yza	Quando tu houveres de arrancar.
	Una Quiá-cutuciila-yza	Quando elle houver de arrancar.
N. p.	*Ettu Quittu-cutuciila-yza*	Quando nós houvermos de arrancar.
	Enu Quinu-cutuciila-yza	Quando vós houverdes de arrancar.
	Ana Quiá-cutuciila-yza	Quando elles houverem de arrancar.

Participio indeclinavel.

Quinghi-tuciila	Arrancando.

Participio declinavel.

Cutucul-éssa	O que arranca.

Bun-

Bundo.   Portuguez.

DO VERBO BUNDO *Culóla* ENSAIAR.

Presente do modo indicativo.

Bundo	Portuguez
N. s. *Emmi Ngbi-lóla* . . .	Eu ensaio.
Eié Gu-lóla . . .	Tu ensaias.
Una U-lóla	Elle ensaia.
N. p. *Ettu Tu-lóla*	Nós ensaiamos.
Enu Nu-lóla	Vós ensaiais.
Ana A-lóla	Elles ensaião.

Preterito perfeito.

Bundo	Portuguez
N. s. *Emmi Gbi-a-lóle* . . .	Eu ensaei, ou tenho ensaiado.
Eié Gu-a-lóle	Tu ensaiaste, ou tens ensaiado.
Una U-a-lóle	Elle ensaiou, ou tem ensaiado.
N. p. *Ettu Tu-a-lóle* . . .	Nós ensaiámos, ou temos ensaiado.
Enu Nu-a-lóle	Vós ensaiastes, ou tendes ensaiado.
Ana A-lóle	Elles ensaiárão, ou tem ensaiado.

Futuro.

Bundo	Portuguez
N. s. *Emmi Ngbi-lóla-yza* . .	Eu ensaiarei, ou hei-de ensaiar.
Eié Gu-lóla-yza . . .	Tu ensaiarás, ou has-de ensaiar.
Una U-lóla-yza . . .	Elle ensaiará, ou ha-de ensaiar.
N. p. *Ettu Tu-lóla-yza* . . .	Nós ensaiaremos, ou havemos-de ensaiar.
Enu Nu-lóla-yza . . .	Vós ensaiareis, ou haveis-de ensaiar.
Ana A-lóla-yza . . .	Elles ensaiarão, ou hão-de ensaiar.

Bundo.   Portuguez.

Imperativo.

N. s. Não tem . . . . . Não tem.
     Lóla Eić . . . . . Ensaia tu.
     U-lóle Una . . . . . Ensaie elle.
N. p. *Tu-lol-éttu* . . . . . Ensaiemos nós.
     Lol-énu . . . . . . Ensaiai vós.
     A-lóle Ana . . . . . Ensaiem elles.

Presente do modo optativo, e conjuntivo.

N. s. *Se Emmi Nghi-lóla* . . Se eu ensaiasse, ou que ensaie.

Preterito perfeito.

N. s. *Se Emmi Ghi-a-lóle* . . . Se eu ensaiára, ou tivesse ensaia-
                           do.

Futuro 1.

N. s. *Se Emmi Nghi-lóla-yza*   Se eu ensaiar, ou tiver ensaiado.

Futuro 2.

N. s. *Emmi Quínghi-lóla-yza*   Quando eu ensaiar.
     Eié Quiú-lóla-yza . . Quando tu ensaiares.
     Una Quid-lóla-yza . . Quando elle ensaiar.
N. p. *Ettu Quíttu-lóla-yza* . Quando nós ensaiarmos.
     Enu Quínu-lóla-yza . . Quando vós ensaiardes.
     Ana Quid-lóla-yza . . Quando elles ensaiarem.

Infinito presente impessoal.

Culóla . . . . . . Ensaiar.

Infinito presente pessoal.

N. s. *Nghi-culóla Emmi* . . Ensaiar eu.

Bun-

Bundo.   Portuguez.

Infinito preterito.

Amu-lóla . . . . . . Ter ensaiado.

Infinito futuro.

N. s. *Emmi Quínghi-culóla-yza*   Quando eu houver de ensaiar.
  Eié Quiú-culóla-yza . Quando tu houveres de ensaiar.
  Una Quiá-culóla-yza . Quando elle houver de ensaiar.
N. p. *Ettu Quíttu-culóla-yza* Quando nós houvermos de ensaiar.

  Enu Quínu-culóla-yza . Quando vós houverdes de ensaiar.

  Ana Quiá-culóla-yza . Quando elles houverem de ensaiar.

Participio indeclinavel.

Quínghi-lóla . . . . Ensaiando.

Participio declinavel.

Culol-éssa . . . . . O que ensaia.

DOS VERBOS ABUNDOS DA TERCEIRA CONJUGAÇÃO.

DO VERBO BUNDO *Cuyza* VIR.

Presente do modo indicativo.

N. s. *Emmi Nghu-yza* . . . Eu venho.
  Eié Gu-yza . . . . Tu vens.
  Una U-yza . . . . . Elle vem.
N. p. *Ettu Tu-yza* . . . . Nós vimos.
  Enu Nu-yza . . . . Vós vindes.
  Ana A-eza . . . . . Elles vem.

Bundo.   Portuguez.

Preterito perfeito.

N. s.	*Emmi Ghi-a-gíle*	Eu vim, ou tenho vindo.
	Eié Gu-a-gíle	Tu vieste, ou tens vindo.
	Una U-a-gíle	Elle veio, ou tem vindo.
N. p.	*Ettu Tu-a-gíle*	Nós viemos, ou temos vindo.
	Enu Nu-a-gíle	Vós viestes, ou tendes vindo.
	Ana A-gíle	Elles viérão, ou tem vindo.

Futuro.

N. s.	*Emmi Nghu-yza-yza*	Eu virei, ou hei-de vir.
	Eié Gu-yza-yza	Tu virás, ou has-de vir.
	Una U-yza-yza	Elle virá, ou ha-de vir.
N. p.	*Ettu Tu-yza-yza*	Nós viremos, ou havemos-de vir.
	Enu Nu-yza-yza	Vós vireis, ou haveis-de vir.
	Ana A-eza-yza	Elles virão, ou hão-de vir.

Imperativo.

N. s.	Não tem	Não tem.
	Yza Eié	Vem tu.
	Eze Una	Venha elle.
N. p.	*Tu-yz-éttu*	Venhamos nós.
	Zé-nu	Vinde vós.
	A-eze Ana	Venhão elles.

Presente do modo optativo, e conjunctivo.

N. s. *Se Emmi Ngu-yza* . . Se eu viesse, ou que venha.

Preterito perfeito.

N. s. *Se Emmi Ghi-a-gíle* . . Se eu viera, ou tivesse vindo.

Futuro 1.

N. s. *Se Emmi Ngu-yza-yza* . Se eu vier, ou tiver vindo.

Bundo.　　　　　　　　　　Portuguez.

Futuro 2.

N. s. *Emmi Quínghi-yza* . . Quando eu vier.
　　 Eié Quiú-yza . . . Quando tu vieres.
　　 Una Quid-yza . . . . Quando elle vier.
N. p. *Ettu Quittu-yza* . . . Quando nós viermos.
　　 Enu Quínu-yza . . . Quando vós vierdes.
　　 Ana Quid-yza . . . . Quando elles vierem.

Infinito presente impessoal.

Cuyza . . . . Vir.

Infinito presente pessoal.

N. s. *Ngu-cuyza Emmi* . . Vir eu.

Infinito preterito.

Amu-cuyza . . . . Ter vindo.

Infinito futuro.

N. s. *Emmi Quínghi-yza-cuyza* Quando eu houver de vir.
　　 Eie Quiú-yza-cuyza . . Quando tu houveres de vir.
　　 Una Quid-yza-cuyza . . Quando elle houver de vir.
N. p. *Ettu Quittu-yza-cuyza* . Quando nós houvermos de vir.
　　 Enu Quínu-yza-cuyza . Quando vós houverdes de vir.
　　 Ana Quid-yza-cuyza . Quando elles houverem de vir.

Participio indeclinavel.

Quíngh-yza . . . . Vindo.

Participio declinavel.

Múca cuyza . . . . O que vem.

Bun-

Bundo.   Portuguez.

DO VERBO BUNDO *Curigía*, OU, *Cugía* SABER.

Presente do modo indicativo.

N. s. *Emmi Ngu-rigía* . . . Eu sei.
    Eié Gu-rigía . . . . Tu sabes.
    Una U-rigía . . . . Elle sabe.
N. p. *Ettu Tu-rigía* . . . . Nós sabemos.
    Enu Nu-rigía . . . . Vós sabeis.
    Ana A-rigía . . . . Elles sabem.

Preterito perfeito.

N. s. *Emmi Ghi-a-rigíe* . . . Eu soube, ou tenho sabido.
    Eié Gu-a-rigíe . . . . Tu soubeste, ou tens sabido.
    Una U-a-rigíe . . . . Elle soube, ou tem sabido.
N. p. *Ettu Tu-a-rigíe* . . . Nós soubémos, ou temos sabido.
    Enu Nu-a-rigíe . . . Vós soubestes, ou tendes sabido.
    Ana A-rigíe . . . . Elles soubérão, ou tem sabido.

Futuro.

N. s. *Emmi Ngu-rigía-yza* . Eu saberei, ou hei-de saber.
    Eié Gu-rigía-yza . . . Tu saberás, ou has-de saber.
    Una U-rigía-yza . . . Elle saberá, ou ha-de saber.
N. p. *Ettu Tu-rigía-yza* . . Nós saberemos, ou havemos-de
                  saber.
    Enu Nu-rigía-yza . . Vós sabereis, ou haveis-de saber.
    Ana A-rigía-yza . . . Elles saberáo, ou hão-de saber.

Imperativo.

N. s. Não tem . . . . . . Não tem.
    Gía Eié . . . . . . Sabe tu.
    U-gíe Una . . . . . Saiba elle.

Bundo.	Portuguez.
N. p. *Tu-gi-éttu*	Saibamos nós.
Gi-énu	Sabei vós.
A-gie Ana	Saibão elles.

Presente do modo optativo, e conjuntivo.

N. s. *Se Emmi Ngu-rigía* . . Se eu soubesse, ou que saiba.

Preterito perfeito.

N. s. *Se Emmi Ghi-a-rigíe* . . Se eu soubera, ou tivesse sabido.

Futuro 1.

N. s. *Se Emmi Ngu-rigía-yza* Se eu souber, ou tiver sabido.

Futuro 2.

N. s. *Emmi Quínghi-gíayza* .	Quando eu souber.
Eié Quiú-gia-yza . .	Quando tu souberes.
Una Quiá-gía-yza . .	Quando elle souber.
N. p. *Ettu Quíttu-gía-yza* . .	Quando nós soubermos.
Enu Quínu-gia-yza . .	Quando vós souberdes.
Ana Quiá-gía-yza . .	Quando elles souberem.

Infinito presente impessoal.

Curigía . . . . Saber.

Presente pessoal.

N. s. *Ngu-cugía Emmi* . . Saber eu.

Preterito.

Amu-cugía . . . . . . Ter sabido.

Bun-

Bundo.   Portuguez.

Futuro.

N. s. *Emmi Quínghi-cugía-yza* Quando eu houver de saber.
    Eié Quiú-cugía-yza . . Quando tu houveres de saber.
    Una Quiá-cugía-yza . . Quando elle houver de saber.
N. p. *Ettu Quíttu-cugía-yza* . Quando nós houvermos de saber.
    Enu Quínu-cugía-yza . Quando vós houverdes de saber.
    Ana Quiá-cugía-yza . . Quando elles houverem de saber.

Participio indeclinavel.

Quínghi-gía . . . . . Sabendo.

Participio declinavel.

Cugi-éssa . . . . . . O que sabe.

DO VERBO BUNDO *Cubéta* CASTIGAR.

Presente do modo indicativo.

N. s. *Emmi Ngu-béta* . . . Eu castigo.
    Eié Gu-béta . . . . Tu castigas.
    Una U-béta . . . . Elle castiga.
N. p. *Ettu Tu-béta* . . . . Nós castigamos.
    Enu Nu-béta . . . . Vós castigais.
    Ana A-béta . . . . Elles castigão.

Preterito perfeito.

N. s. *Emmi Ghi-a-betéle* . . Eu castiguei, ou tenho castiga-
                    do.
    Eié Gu-a-betéle . . . Tu castigaste, ou tens castiga-
                    do.
    Una U-a-betéle . . . . Elle castigou, ou tem castiga-
                    do.

	Bundo.	Portuguez.
N. p.	*Ettu Tu-a-betéle* . . .	Nós castigámos, ou temos casti- gado.
	Enu Nu-a-betéle . .	Vós castigastes, ou tendes casti- gado.
	Ana A-betéle	Elles castigárão, ou tem castiga- do.

Futuro.

	Bundo.	Portuguez.
N. s.	*Emmi Ngu-béta-yza* .	Eu castigarei, ou hei-de casti- gar.
	Eié Gu-béta-yza . . .	Tu castigarás, ou has-de casti- gar.
	Una U-béta-yza . . .	Elle castigará, ou ha-de casti- gar.
N. p.	*Ettu Tu-béta-yza* . .	Nós castigaremos, ou havemos- de castigar.
	Enu Nu-béta-yza . . .	Vós castigareis, ou haveis-de cas- tigar.
	Ana A-béta-yza . . .	Elles castigárão, ou hão-de casti- gar.

Imperativo.

	Bundo.	Portuguez.
N. s.	Não tem	Não tem.
	Béta Eié	Castiga tu.
	U-béte Una	Castigue elle.
N. p.	*Tu-bet-ettu*	Castiguemos nós.
	Bet-énu	Castigai vós.
	A-béte Ana	Castiguem elles.

Presente do modo optativo, e conjunctivo.

	Bundo.	Portuguez.
N. s.	*Se Emmi Ngu-béta* . .	Se eu castigasse, ou que casti- gue.

Bundo.   Portuguez.

Preterito perfeito.

N. s. *Se Emmi Ghi-a-betéle* . Se eu castigára, ou tivesse casti-
                                    gado.

Futuro 1.

N. s. *Se Emmi Ngu-béta-yza* Se eu castigar, ou tiver casti-
                                    gado.

Futuro 2.

N. s. *Emmi Quínghi-béta-yza* Quando eu castigar.
Eié Quiú-béta-yza . . Quando tu castigares.
Una Quid-béta-yza . . Quando elle castigar.
N. p. *Ettu Quíttu-béta-yza* . Quando nós castigarmos.
Enu Quínu-béta-yza . Quando vós castigardes.
Ana Quid-béta-yza . . Quando elles castigarem.

Infinito presente impessoal.

Cubéta . . . . . . Castigar.

Presente pessoal.

N. s. *Ngu-cubéta Emmi* . . Castigar eu.

Preterito.

Amu-cubéta . . . . Ter castigado.

Futuro.

N. s. *Emmi Quínghi-cubéta-* Quando eu houver de castigar.
yza
Eié Quiú-cubéta-yza . Quando tu houveres de castigar.
Una Quid-cubéta-yza . Quando elle houver de castigar.

Bundo.	Portuguez.
N. p. *Ettu Quittu-cubéta-yza*	Quando nós houvermos de castigar.
Enu Quiuu-cubéta-yza .	Quando vós houverdes de castigar.
Ana Quid-cubéta-yza .	Quando elles houverem de castigar.

Participio indeclinavel.

Quingbi-béta	Castigando.

Participio declinavel.

Cubet-éssa	O que castiga.

DO VERBO BUNDO *Cunhúnca* VIRAR.

Presente do modo indicativo.

N. s. *Emmi Ngu-nhúnca* . .	Eu viro.
Eié Gu-nhúnca . . .	Tu viras.
Una U-nhúnca	Elle vira.
N. p. *Ettu Tu-nhúnca* . . .	Nós viramos.
Enu Nu-nhúnca . . .	Vós virais.
Ana A-nhúnca . . .	Elles vírão.

Preterito perfeito.

N. s. *Emmi Ghi-a-nhúnque* .	Eu virei, ou tenho virado.
Eié Gu-a-nhúnque . .	Tu viraste, ou tens virado.
Una U-a-nhúnque . . .	Elle virou, ou tem virado.
N. p. *Ettu Tu-a-nhúnque* . . .	Nós virámos, ou temos virado.
Enu Nu-a-nhúnque . .	Vós virastes, ou tendes virado.
Ana A-nhúnque . . .	Elles vírão, ou tem virado.

Bundo.	Portuguez.

Futuro.

N. s. *Emmi Ngu-nhúnca-yza* . . Eu virarei, ou hei-de virar.
Eié Gu-nhúnca-yza . . . Tu virarás, ou has-de virar.
Una U-nhúnca-yza . . . Elle virará, ou ha-de virar.
N. p. *Ettu Tu-nhúnca-yza* . . Nós viraremos, ou havemos-de virar.
Enu Nu-nhúnca-yza . . Vós virareis, ou haveis-de virar.
Ana A-nhúnca-yza . . Elles virarão, ou hão-de virar.

Imperativo.

N. s. Náo tem . . . . . Náo tem.
Nhúnca Eié . . . . Vira tu.
U-nhúnque Una . . . Vire elle.
N. p. *Tu-nhunqu-éttu* . . . Viremos nós.
Nhunqu-énu . . . . Virai vós.
A-nhúnque Ana . . . Virem elles.

Presente do modo optativo, e conjuntivo.

N. s. *Se Emmi Ngu-nhúnca* . Se eu virasse, ou que vire.

Preterito perfeito.

N. s. *Se Emmi Ghi-a-nhúnque* Se eu virára, ou tivesse virado.

Futuro 1.

N. s. *Se Emmi Ngu-nhúnca-yza* Se eu virar, ou tiver virado.

Futuro 2.

N. s. *Emmi Quinghi-nhúnca-yza* Quando eu virar.
Eié Quiú-nhúnca-yza . Quando tu virares.
Una Quiá-nhúnca-yza . Quando elle virar.

I   S ii   Bun-

Bundo.	Portuguez.
N. p. *Ettu Quittu-nhúnca-yza*	Quando nós virarmos.
Enu Quinu-nhúnca-yza .	Quando vós virardes.
Ana Quid-nhúnca-yza .	.Quando elles virarem.

Infinito presente impessoal.

Cunhúnca . . . . . . Virar.

Presente pessoal.

N. s. *Ngu-cunhúnca Emmi* . Virar eu.

Preterito.

Amu-nhúnca . . . . Ter virado.

Futuro.

N. s. *Emmi Quíngbi-nhúnca-yza*	Quando eu houver de virar.
Eié Quiti-nhúnca-yza .	Quando tu houveres de virar.
Una Quid-nbúnca-yza .	.Quando elle houver de virar.
N. p. *Ettu Quittu-nhúnca-yza*	Quando nós houvermos de virar.
Enu Quinu-nhúnca-yza .	Quando vós houverdes de virar.
Ana Quid-nbúnca-yza .	Quando elles houverem de virar.

Participio indeclinavel.

Quíngbi-nhúnca . . . Virando.

Participio declinavel.

Cunhunqu-éssa . . . O que vira.

Bundo.   Portuguez.

DO VERBO BUNDO *Cumuffúnda* ARRISCAR.

Presente do modo indicativo.

N. s. *Emmi Ngu muffúnda* . .Eu arrisco.
Eié Gu-muffúnda . . . .Tu arriscas.
Una U-muffúnda . . . Elle arrisca.
N. p. *Ettu Tu-muffúnda* . . Nós arriscamos.
Enu Nu-muffúnda . . Vós arriscais.
Ana A-muffúnda . . . Elles arriscão.

Preterito perfeito.

N. s. *Emmi Ghi-a-muffundíle* . Eu arrisquei, ou tenho arriscado.
Eié Gu-a-muffundíle . . Tu arriscaste, ou tens arriscado.
Una U-a-muffundíle . . Elle arriscou, ou tem arriscado.
N. p. *Ettu Tu-a-muffundíle* . Nós arriscámos, ou temos ar-
riscado.
Enu Nu-a-muffundíle . Vós arriscastes, ou tendes ar-
riscado.
Ana A-muffundíle . . Elles arriscárão, ou tem arris-
cado.

Futuro.

N. s. *Emmi Ngu-muffúnda-yza* Eu arriscarei, ou hei-de arriscar.
Eié Gu-muffúnda-yza . Tu arriscarás, ou has-de arriscar.
Una U-muffúnda-yza . Elle arriscará, ou ha-de arriscar.
N. p. *Ettu Tu-muffúnda-yza* . Nós arriscaremos, ou havemos-
de arriscar.
Enu Nu-muffúnda-yza . Vós arriscareis, ou haveis-de ar-
riscar.
Ana A-muffúnda-yza . Elles arriscarão, ou hão-de ar-
riscar.

Imperativo.

N. s. Náo tem . . . . . Náo tem.
Muffúnda Eié . . . . Arrisca tu. .
U-muffúnde Una . . . Arrisque elle.
N. p. *Tu-muffund-éttu* . . . Arrisquemos nós.
Muffund-énu . . . . Arriscai vós.
A-muffúnde Ana . . . Arrisquem elles.

Presente do modo optativo, e conjuntivo.

N. s. *Se Emmi Ngu-muffúnda* Se eu arriscasse, ou que arrisque.

Preterito perfeito.

N. s. *Se Emmi Ghi-a-muffun-* Se eu arriscára, ou tivesse arris-
díle . . . . . cado.

Futuro 1.

N. s. *Se Emmi Ngu-muffúnda-* Se eu arriscar, ou tiver arrisca-
yza . . do. .

Futuro 2.

N. s. *Emmi Quíngbi-muffúnda-* Quando eu arriscar.
yza
Eié Quiú-muffúnda-yza Quando tu arriscares.
Una Quiá-muffúnda-yza Quando elle arriscar.
N. p. *Ettu Quittu-muffúnda-* Quando nós arriscarmos.
yza
Enu Quínu-muffúnda-yza Quando vós arriscardes.
Ana Quiá-muffúnda-yza Quando elles arriscarem.

Infinito presente impessoal.

Cumuffúnda . . . . Arriscar.

Bunda. Portuguez.

Presente pessoal.

N. s. *Ngu-cumuffúnda Emmi* . Arriscar eu.

Pretecito.

Amu-cumuffúnda . . . Ter arriscado.

Futuro.

N. s. *Emmi Quínghi-cumuffún-* Quando eu houver de arriscar.
    da-yza
    Eié   Quiú-cumuffúnda- Quando tu houveres de arriscar.
    yza
    Una   Quid-cumuffúnda- Quando elle houver de arriscar.
    yza
N. p. *Ettu Quíttu-cumuffúnda-* Quando nós houvermos de arris-
    yza   car.
    Enu Quínu-cumuffúnda- Quando vós houverdes de arris-
    yza   car.
    Ana   Quiá-cumuffúnda- Quando elles houverem de arris-
    yza   car.

Particípio indeclinavel.

Quínghi-muffúnda . . Arriscando.

Particípio declinavel.

Cumuffund-éssa . . . O que arrisca.

DO VERBO BUNDO *Cubabáta* APALPAR.

Presente do modo indicativo.

N. s. *Emmi Ngu-babáta* . . Eu apalpo.
    Eié Gu-babáta . . . Tu apalpas.
    Una U-batáta . . . . Elle apalpa.

Bun-

Bundo.	Portuguez.
N. p. *Ettu Tu-babáta* . . .	Nós apalpamos.
Enu Nu-babáta . . .	Vós apalpais.
Ana A-babáta . . .	Elles apalpão.

Preterito perfeito.

N. s. *Emmi Ghi-a-babáte* . .	Eu apalpei, ou tenho apalpado.
Eié Gu-a-babáte . . .	Tu apalpaste, ou tens apalpado.
Una U-a-babáte . . .	Elle apalpou, ou tem apalpado.
N. p. *Ettu Tu-a-babáte* . .	Nós apalpámos, ou temos apalpado.
Enu Nu-a-babáte . .	Vós apalpastes, ou tendes apalpado.
Ana A-babáte . . .	Elles apalpárão, ou tem apalpado.

Futuro.

N. s. *Emmi Ngu-babáta-yza* .	Eu apalparei, ou hei-de apalpar.
Eié Gu-babáta-yza . .	Tu apalparás, ou has-de apalpar.
Una U-babáta-yza . . .	Elle apalpará, ou ha-de apalpar.
N. p. *Ettu Tu-babáta-yza* . .	Nós apalparemos, ou havemos-de apalpar.
Enu Nu-babáta-yza . .	Vós apalpareis, ou haveis-de apalpar.
Ana A-babáta-yza . .	Elles apalparão, ou hão-de apalpar.

Imperativo.

N. s. Náo tem	Náo tem.
Babáta Bié	Apalpa tu.
U-babáte Una	Apalpe elle.
N. p. *Tu-babat-éttu* . . .	Apalpemos nós.
Babat-énu	Apalpai vós.
A-babáte Ana . . .	Apalpem elles.

Bun-

Bundo.   Portuguez.

Presente do modo optativo, e conjunctivo.

N. s. *Se Emmi Ngu-babáta* . Se eu apalpasse, ou que apalpe.

Preterito perfeito.

N. s. *Se Emmi Ghi-a-babáte* . Se eu apalpára, ou tivesse apalpado.

Futuro 1.

N. s. *Se Emmi Ngu-babáta-yza*   Se eu apalpar, ou tiver apalpado.

Futuro 2.

N. s. *Emmi Quínghi-babáta-yza*   Quando eu apalpar.
     Eié Quiú-babáta-yza . Quando tu apalpares.
     Una Quid-babáta-yza . Quando elle apalpar.
N. p. *Ettu Quittu-babáta-yzá* . Quando nós apalparmos.
     Enu Quínu-babáta-yza . Quando vós apalpardes.
     Ana Quid-babáta-yza . Quando elles apalparem.

Infinito presente impessoal.

Cubabáta . . . . . . Apalpar.

Infinito presente pessoal.

N. s. *Ngu-cubabáta Emmi* . Apalpar eu.

Infinito preterito.

Amu-cubabáta . . . . . Ter apalpado.

Bundo.   Portuguez.

Infinito futuro.

	Bundo.	Portuguez.
N. s.	Emmi Quínghi-cubabáta-yza.	Quando cu houver de apalpar.
	Eié Quiá-cubabáta-yza .	Quando tu houveres de apalpar.
	Una Quiá-cubabáta-yza .	Quando elle houver de apalpar.
N. p.	Ettu Quíttu-cubabáta-yza	Quando nós houvermos de apalpar.
	Enu Quínu-cubabáta-yza	Quando vós houverdes de apalpar.
	Ana Quid-cubabáta-yza	Quando elles houverem de apalpar.

Participio impessoal.

Quínghhi-babáta . . . . Apalpando.

Participio pessoal.

Cubabat-éssa . . . . O que apalpa.

DO VERBO BUNDO Cubáca METTER.

Presente do modo indicativo.

	Bundo.	Portuguez.
N. s.	Emmi Ngu-báca	Eu metto.
	Eié Gu-báca	Tu mettes.
	Una U-báca	Elle mette.
N. p.	Ettu Tu-báca	Nós mettemos.
	Enu Nu-báca	Vós metteis.
	Ana A-báca	Elles mettem.

Preterito perfeito.

	Bundo.	Portuguez.
N. s.	Emmi Ghi-a-baquéle . .	Eu metti, ou tenho mettido.
	Eié Gu-a-baquéle . . .	Tu metteste, ou tens mettido.
	Una U-a-baquéle . . .	Elle metteo, ou tem mettido.

Bundo.	Portuguez.
N. p. *Ettu Tu-a-baquéle* . .	Nós mettemos, ou temos metti-do.
Enu Nu a-baquéle . .	Vós mettestes, ou tendes metti-do.
Ana A-baquéle . . .	Elles mettêrão, ou tem mettido.

Futuro.

N. s. *Emmi Ngu-báca-yza* .	Eu metterei, ou hei-de metter.
Eié Gu-báca-yza . . .	Tu metterás, ou has-de metter.
Una U-báca-yza . . .	Elle metterá, ou ha-de metter.
N. p. *Ettu Tu-báca-yza* . .	Nós metterêmos, ou havemos-de metter.
Enu Nu-báca-yza . .	Vós mettereis, ou haveis-de met-ter.
Ana A-báca-yza . . .	Elles metterão, ou hão-de met-ter.

Imperativo.

N. s. Não tem	Não tem.
Báca Eié	Mette tu.
U-báque Una	Metta elle.
N. p. *Tu-baqu-éttu*	Mettamos nós.
Baqu-énu	Mettei vós.
A-báque Ana	Mettão elles.

Presente do modo optativo, e conjuntivo.

N. s. *Se Emmi Ngu-báca* .. .	Se eu mettesse, ou que metta.

Preterito perfeito.

N. s. *Se Emmi Gbi-a-baquéle* .	Se eu mettera, ou tivesse metti-do.

Bundo..   Portuguez.

Futuro 1.

N. s. *Se Emmi Ngu-báca-yza*   Se eu metter, ou tiver mettido.

Futuro 2.

N. s. *Emmi Quíngbi-báca-yza*   Quando eu metter.
      Eié Quiú-báca-yza . .   Quando tu metteres.
      Una Quiá-báca-yza . .   Quando elle metter.
N. p. *Ettu Quíttu-báca-yza* .   Quando nós mettermos.
      Enu Quínu-báca-yza . .   Quando vós metterdes.
      Ana Quiá-báca-yza . .   Quando elles metterem.

Infinito presente impessoal.

Cubáca . . . .   Metter.

Infinito presente pessoal.

N. s. *Ngbi-cubáca Emmi* . .   Metter eu.

Preterito perfeito.

Amu-baca . . . . .   Ter mettido.

Infinito futuro.

N. s. *Emmi Quíngbi-cubáca-*   Quando eu houver de metter.
      yza
      Eié Quiú-cubáca-yza .   Quando tu houveres de metter.
      Una Quiá-cubáca-yza .   Quando elle houver de metter.
N. p. *Ettu Quíttu-cubáca-yza* Quando nós houvermos de met-
                                ter.
      Enu Quínu-cubáca-yza . Quando vós houverdes de met-
                                ter.
      Ana Quid-cubáca-yza .   Quando elles houverem de met-
                                ter.

Bundo.   Portuguez.

Participio indeclinavel.

Quínghi-báca . . . . Mettendo.

Participio declinavel.

Cubaqu-éssa . . . . O que mette.

DO VERBO BUNDO *Cutagulúla* ARROTAR.

Presente do modo indicativo.

N. s. *Emmi Ngu-tagulúla* . . Eu arroto.
     Eié Gu-tagulúla . . . Tu arrotas.
     Una U-tagulúla . . . Elle arrota.
N. p. *Ettu Tu-tagulúla* . . . Nós arrotamos.
     Enu Nu-tagulúla . . Vós arrotais.
     Ana A-tagulúla . . . Elles arrotão.

Preterito perfeito.

N. s. *Emmi Ghi-a-tagulúle* : Eu arrotei, ou tenho arrotado.
     Eié Gu-a-tagulúle . . Tu arrotaste, ou tens arrotado.
     Una U-a-tagulúle . . . Elle arrotou, ou tem arrotado.
N. p. *Ettu Tu-a-tagulúle* . . Nós arrotámos, ou temos arrotado.
     Enu Nu-a-tagulúle . . Vós arrotastes, ou tendes arrotado.
     Ana A-tagulúle . . . Elles arrotárão, ou tem arrotado.

Futuro.

N. s. *Emmi Ngu-tagalúla-yza* Eu arrotarei, ou hei-de arrotar.
     Eié Gu-tagulúla-yza . Tu arrotarás, ou has-de arrotar.
     Una U-tagulúla-yza . . Elle arrotará, ou ha-de arrotar.

Bundo.	Portuguez.
N. p. *Ettu Tu-tagulúla-yza* .	Nós arrotaremos, ou havemos-de arrotar.
Enu Nu-tagulúla-yza .	Vós arrotareis, ou haveis-de arrotar.
Ana A-tagulúla-yza . .	Elles arrotaráõ, ou háõ-de arrotar.

Imperativo.

N. s. Náo tem	Náo tem.
Tagulúla Eié	Arrota tu.
U-tagulúle Una . . .	Arrote elle.
N. p. *Tu-tagulul-éttu* . . .	Arrotemos nós.
Tagulul-énu	Arrotai vós.
A-tagulúle Ana . . .	Arrotem elles.

Presente do modo optativo, e conjunctivo.

N. s. *Se Emmi Ngu-tagulúla*	Se eu arrotasse, ou que arrote.

Preterito perfeito.

N. s. *Se Emmi Ghi-a-tagulúle*	Se eu arrotára, ou tivesse arrotado.

Futuro 1.

N. s. *Se Emmi Ngu-tagulúla-yza*	Se eu arrotar, ou tiver arrotado.

Futuro 2.

N. s. *Emmi Quíngbi-tagulúla-yza*	Quando eu arrotar.
Eié Quiú-tagulúla-yza .	Quando tu arrotares.
Una Quié-tagulúla-yza .	Quando elle arrotar.

Bundo.	Portuguez.
N. p. *Ettu Quíttu-tagulúla-yza*	Quando nós arrotarmos.
Enu Quínu-tagulúla-yza	Quando vós arrotardes.
Ana Quiá-tagulúla-yza .	Quando elles arrotarem.

Infinito presente impessoal.

Cutagulúla	Arrotar.

Presente pessoal.

N. s. *Ngu-cutagulúla Emmi* .	Arrotar eu.

Preterito.

Amu-cutagulúla . . .	Ter arrotado.

Futuro.

N. s. *Emmi Quínghi-cutagulúla-yza*	Quando eu houver de arrotar.
Eié Quiú-cutagulúla-yza	Quando tu houveres de arrotar.
Una Quiá-cutagulúla-yza	Quando elle houver de arrotar.
N. p. *Ettu Quíttu-cutagulúla-yza*	Quando nós houvermos de arrotar.
Enu Quínu-cutagulúla-yza	Quando vós houverdes de arrotar.
Ana Quiá-cutagulúla-yza	Quando elles houverem de arrotar.

Participio indeclinavel.

Quínghi-tagulúla . . .	Arrotando.

Participio declinavel.

Cutagulul-éssa . . .	O que arrota.

I

Bun-

Bundo.   Portuguez.

DO VERBO BUNDO *Cussúmu* ADEVINHAR.

Presente do modo indicativo.

N. s.   *Emmi Ngu-ssúmu* . .   Eu adevinho.
       Eié Gu-ssúmu . . . .   Tu adevinhas.
       Una U-ssúmu . . . .   Elle adevinha.
N. p.   *Ettu Tu-ssúmu* . . .   Nós adevinhamos.
       Enu Nu-ssúmu . . .   Vós adevinhais.
       Ana A-ssúmu . . . .   Elles adevinhão.

Preterito perfeito.

N. s.   *Emmi Ghi-a-ssúme* . .   Eu adevinhei , ou tenho adevi-
                           nhado.

       Eié Gu-a-ssúme . . .   Tu adevinhaste , ou tens adevi-
                           nhado.

       Una U-a-ssúme . . .   Elle adevinhou , ou tem adevi-
                           nhado.

N. p.   *Ettu Tu-a-ssúme* . . .   Nós adevinhámos, ou temos ade-
                           vinhado.

       Enu Nu-a-ssúme . . .   Vós adevinhastes , ou tendes ade-
                           vinhado.

       Ana A-ssúme . . . .   Elles adevinhárão , ou tem ade-
                           vinhado.

Futuro.

N. s.   *Emmi Ngu-ssúmu-yza* .   Eu adevinharei , ou hei-de ade-
                           vinhar.

       Eié Gu-ssúmu-yza . .   Tu adevinharás , ou has-de ade-
                           vinhar.

       Una U-ssúmu-yza . .   Elle adevinhará , ou ha-de ade-
                           vinhar.

Bundo.	Portuguez.
N. p. *Ettu Tu-ssúmu-yza* . .	Nós adevinharemos , ou havemos-de adevinhar.
Enu Nu-ssúmu-yza . .	Vós adevinhareis , ou haveis-de adevinhar.
Ana A-ssúmu-yza . .	Elles adevinharáo , ou háo-de adevinhar.

Imperativo.

N. s.	Náo tem	Náo tem.
	Súmu Eié . . . . :	Adevinha tu.
	U-ssúme Una	Adevinhe elle.
N. p.	*Tu-ssum-éttu*	Adevinhemos nós.
	Sum-énu	Adevinhai vós.
	A-ssúme Ana . . . . :	Adevinhem elles.

Presente do modo optativo, e conjuntivo.

N. s. *Se Emmi Ngu-ssúmu* . Se eu adevinhasse, ou que adevinhe.

Preterito perfeito.

N. s. *Se Emmi Ghi-a-ssúme* . Se eu adevinhára, ou tivesse adevinhado.

Futuro 1.

N. s. *Se Emmi Ngu-ssúmu-yza* Se eu adevinhar, ou tiver adevinhado.

Futuro 2.

N. s.	*Emmi Quíngbi-ssúmu-yza*	Quando eu adevinhar.
	Eié Quiú-ssúmu-yza .	Quando tu adevinhares.
	Una Quiá-ssúmu-yza .	Quando elle adevinhar.

Bundo.	Portuguez.
N. p. *Ettu Quittu-ssúmu-yza*	Quando nós adevinharmos.
Enu Quínu-ssúmu-yza .	Quando vós adevinhardes.
Ana Quid ssúmu-yza .	Quando elles adevinharem.

Infinito presente impessoal.

Cussúmu . . . . . Adevinhar.

Presente pessoal.

N. s. *Ngu-cussúmu Emmi* . . Adevinhar eu.

Preterito.

Amu-cussúmu . . . Ter adevinhado.

Futuro.

N. s. *Emmi Quínghi-cussúmu-yza*	Quando eu houver de adevinhar.
Eié Quiú-cussúmu-yza .	Quando tu houveres de adevinhar.
Una Quiá-cussúmu-yza .	Quando elle houver de adevinhar.
N. p. *Ettu Quittu-cussúmu-yza*	Quando nós houvermos de adevinhar.
Enu Quínu-cussúmu-yza	Quando vós houverdes de adevinhar.
Ana Quiá-cussúmu-yza .	Quando elles houverem de adevinhar.

Participio indeclinavel.

Quínghi-súmu . . . . Adevinhando.

Participio declinavel.

Cussum-íssa . . . . O que adevinha.

Bundo.   Portuguez.

DO VERBO BUNDO *Cubéza* ADORAR.

Presente do modo indicativo.

N. s. *Emmi Ngu-béza* . . . Eu adoro. .
     Eié Gu-béza . . . . Tu adoras.
     Una U-béza . . . . Elle adora.
N. p. *Ettu Tu-béza* . . . . Nós adoramos.
     Enu Nu-béza . . . . . Vós adorais.
     Ana A-béza . . . . Elles adorão.

Preterito perfeito.

N. s. *Emmi Ghi-a-béze* . . Eu adorei, ou tenho adorado.
     Eié Gu-a-béze . . . Tu adoraste, ou tens adorado.
     Una U-a-béze . . . . . Elle adorou, ou tem adorado.
N. p. *Ettu Tu-a-béze* . . . Nós adorámos, ou temos ado-
                          rado.
     Enu Nu-a-béze . . . Vós adorastes, ou tendes ado-
                          rado.
     Ana A-béze . . . . Elles adorárão, ou tem ado-
                          rado.

Futuro.

N. s. *Emmi Ngu-béza-yza* . Eu adorarei, ou hei-de adorar.
     Eié Gu-béza-yza . . Tu adorarás, ou has-de adorar.
     Una U-béza-yza . . Elle adorará, ou ha-de adorar.
N. p. *Ettu Tu-béza-yza* . . Nós adoraremos, ou havemos-
                          de adorar.
     Enu Nu-béza-yza . . Vós adorareis, ou haveis-de ado-
                          rar.
     Ana A-béza-yza . . . Elles adorarão, ou hão-de ado-
                          rar.

Bundo. Portuguez.

Imperativo.

N. s. Não tem . . . . . . Não tem.
Béza Eié . . . . . . Adora tu.
U-béze Una . . . . Adore elle.
N. p. Tu-bez-éttu . . . . Adoremos nós.
Bez-énu . . . . . . Adorai vós.
A-béze Ana . . . . Adorem elles.

Presente do modo optativo, e conjuntivo.

N. s. Se Emmi Ngu-béza . . Se eu adorasse, ou que adore.

Preterito perfeito.

N. s. Se Emmi Ghi-a-béza . Se eu adorára, ou tivesse adorado.

Futuro 1.

N. s. Se Emmi Ngu-béza-yza Se eu adorar, ou tiver adorado.

Futuro 2.

N. s. Emmi Quínghi-béza . Quando eu adorar.
Eié Quiú-béza . . . Quando tu adorares.
Una Quiá-béza . . . Quando elle adorar.
N. p. Ettu Quíttu-béza . . . Quando nós adorarmos.
Enu Quínu-béza . . . Quando vós adorardes.
Ana Quiá-béza . . . Quando elles adorarem.

Infinito presente impessoal.

Cubéza . . . . Adorar.

Presente pessoal.

N. s. Ngu-cubéza Emmi . . Adorar eu.

Bun-

Bundo. Portuguez.

Preterito.

Amu-cubéza . . . . Ter adorado.

Futuro.

N. s. *Emmi   Quíngbi-cubéza-* Quando eu houver de adorar.
yza
Eié Quiú-cubéza-yza . Quando tu houveres de adorar.
Una Quid-cubéza-yza . Quando elle houver de adorar.
N. p. *Ettu Quíttu-cubéza-yza* Quando nós houvermos de ado-
rar.

Enu Quínu-cubéza-yza . Quando vós houverdes de adorar.

Ana Quid-cubéza-yza . Quando elles houverem de adorar.

Participio indeclinavel.

Quíngbi-béza . . . . Adorando.

Participio declinavel.

Cubez-éssa . . . . . O que adora, ou tem adorado.

F I M.

SUPPLEMENTO

A' S

OBSERVAÇÕES GRAMMATICAES

D A

LINGUA BUNDA,

O U

ANGOLENSE.

SUPPLEMENTO

As Observações Grammaticaes da Lingua Bunda , adquiridas por hum mais exacto estudo , que nelle tem feito seu Author , não só pelo uso de ler os Dialogos do Cathecismo Angolense , onde tem achado varios termos antigos , dos quaes não se tinha mais lembrança , como até pela cuidadosa applicação que tem tido em consultar alguns dos Nacionaes de Angola mais instruidos , e de mais claros conhecimentos nesta materia.

PRIMEIRA OBSERVAÇÃO.

Da Etymologia das palavras Abundas.

A Syllaba , ou particula *Bó* Bunda ferida do accento agudo, e posta no fim de qualquer palavra, para com ella ser juntamente proferida, significa *Mas*, v. g. *Zámbi-bó*, mas Deos. *Zámbi-bó imóchi iaquíri*, mas hum só Deos verdadeiro. *Quitúchi-bó*, mas peccado. *Quitúchi-bó ocugíba muénhu*, mas peccado mortal. *O cúria-bó*, mas o manjar. *O cúria-bó cuaquíri*, mas o manjar verdadeiro. *Culénca-bó*, mas fugir. *Culénca-bó oculéngu-léngu*, mas fugir de pressa.

Igualmente a particula *Pé* Bunda , em iguaes circumstancias ferida do accento agudo, e posta no fim da palavra, para com ella ser juntamente proferida, significa *tambem*, v. g. *Zámbi-pé*, tambem Deos. *Fulla-pé*, tambem Francisco. *O Quificua pé*, tambem o exemplo. *O Quitúchi-pé ocugíba muénhu*, tambem o peccado mortal. *Tuzuéla-pé*, ou, *Tuíla-pé*, tambem dizemos. *Turiónda-pé a Zámbi Ngánna guéttu*, tambem rogamos a Deos Senhor Nosso. *Quiíquio-pé*, ou, *Quió-pé*, assim tambem. *Súca-pé*, mas tambem. *Hánda-pé quiá cuzuéla*, tambem antes de fallar. *Ghiazúba-pé máca máu*, tambem acabei esta falla, etc.

X   Em

Em quanto á segunda Observação, que trata de nomes que não são epicenos, devem-se accrescentar os seguintes, para maior intelligencia

Muchíno, o Rei. . . . . . *Quiah'éla*, a Rainha.
Tatamúnga, o Padrinho. . . *Mamamúngua*, a Madrinha.
Quiiála, o Rapaz. . . . . *Cag'éttu*, a Mulhersinha.
Caiála, o Rapazinho. . . . *Calúmba*, a Rapariguinha.
Ngúnsa, o Soldado. . . . *H'onómi*, o Genro.
Tatandénghi, o Padrasto. . . *Manhandénghi*, a Madrasta.

Pelo que pertence á quinta Observação, quando trata de nomes, pertencentes á primeira declinação, devem-se accrescentar os seguintes, com cujo uso mais se facilita o conhecimento da Lingua Bunda.

O *Maquína*, o Baile. . . . Co *Aquína*, os Bailes.
O *Macónco*, a Divida. . . . Co *Acónco*, as Dividas.
O *Mavúnzu*, a Féz. . . . Co *Avúnzu*, as Fezes.
O *Mucáchi*, o Cidadão. . . Co *Acáchi*, os Cidadões.
O *Malaúla*, o Neto. . . . Co *Alaúla*, os Netos.
O *Massúnsu*, o Resto. . . Co *Assúnsu*, os Restos.
O *Massubúca*, o Sobejo. . . Co *Assubúca*, os Sobejos.
O *Maribúndo*, o Formigão. . Co *Aribúndo*, os Formigões.
O *Mabémbu*, o Tacto. . . . Co *Abémbu*, os Tactos.
O *Mabába*, a Aza. . . . . Co *Abába*, as Azas.
O *Mabataména*, a Cilada. . Co *Abataména*, as Ciladas.
O *Mávu*, o Barro. . . . . Não tem.

Mais nomes ainda pertencentes á primeira declinação, e que se devem unir aos que a Grammatica aponta, que no número plural conservão a inicial do singular, mudando unicamente a segunda letra.

O *Mutóa*, o Atoleiro. . . . Co *Mitóa*, os Atoleiros.
O *Múvu*, ou, *Múfu*, o Anno. Co *Mívu*, ou, *Mifu*, os Annos.
O *Mubínho*, o Manubrio. . Co *Mibínhu*, os Manubrios.
O *Muenequéno*, a Saudação. . Co *Mienequéno*, as Saudações.
O *Mulundúri*, o Successor. . Co *Milundúri*, os Successores.

O

O *Mulóa*, o Lodo.	Co *Milóa*, os Lodos.
O *Mutótu*, o Barro amassado.	Co *Mitótu*, os Barros amassados.
O *Muénhi*, o Hospede. . .	Co *Miénhi*, os Hospedes.
O *Muquiuculúcu*, o Abysmo. .	Co *Miquiuculúcu*, os Abysmos.
O *Muénqui*, a Cana de açucar.	Co *Miénqui*, as Canas de açucar.
O *Múnha*, o Espinho. . . .	Co *Mínha*, os Espinhos.
O *Muzuéri*, o Fallador. . .	Co *Mizuéri*, os Falladores.
O *Múimbu*, a Musica. . . .	Co *Mímbu*, as Musicas.
O *Muchínda*, o Numero. . .	Co *Michínda*, os Numeros.
O *Mussúla*, a Racha. . . .	Co *Missúla*, as Rachas.
O *Muébo*, o Sobrinho. . . .	Co *Miébu*, os Sobrinhos.
O *Múih'a*, o Sopro.	Co *Míh'a*, os Sopros.
O *Múg'a*, o Fedor.	Co *Míh'a*, os Fedores.
O *Mussámbo*, a Oração. . .	Co *Missámbo*, as Orações.
O *Mutála*, a Estatura. . . .	Co *Mitála*, as Estaturas.
O *Murialélo*, a Esperança. .	Co *Mirialélo*, as Esperanças.
O *Mussóncu*, a Frecha. . .	Co *Missóncu*, as Frechas.
O *Muínu*, a Garganta. . . .	Co *Miínu*, as Gargantas.
O *Mussóma*, a Grelha. . .	Co *Missóma*, as Grelhas.
O *Mulúnda*, a Ilha. . . .	Co *Milúnda*, as Ilhas.
O *Mudánca*, a Lavareda. . .	Co *Midánca*, as Lavaredas.
O *Muvó*, a Felicidade. . .	Co *Mivó*, as Felicidades.
O *Muánhu*, o Cuidado. . .	Co *Miánhu*, os Cuidados.
O *Muriongéri*, o Advogado. .	Co *Miriongéri*, os Advogados.
O *Muchíno*, o Rei. . . .	Co *Michíno*, os Reis.
O *Mulómbe*, a Maldição. . .	Co *Milómbe*, as Maldições.
O *Munvále*, a Excellencia. .	Co *Minvále*, as Excellencias.

Aos nomes da segunda declinação devem-se accrescentar os seguintes:

O *Ngoléa*, a Primicia. . . .	Co *Jingoléa*, as Primicias.
O *Nbámbi*, o Frio.	. . . . . Não tem.
O *Nbánça*, a Cidade. . . .	Co *Jinbánça*, as Cidades.
O *Ndco*, a Carga.	Co *Jindco*, as Cargas.
O *Nbámba*, a Carga. . . .	Co *Jibámba*, as Cargas.
O *Ngúnza*, o Soldado. . .	Co *Jingúnza*, os Soldados.
O *Nvúla*, a Chuva. . . .	Co *Jinvúla*, as Chuvas.
O *Ngúbu*, o Escudo. . . .	Co *Jingúbu*, os Escudos.

O *Ngámba*, o Portador. . . Co *Jingámba*, os Portadores.

O *Ndómbondómbo*, o Ramo. . Co *Jindómbondómbo*, os Ramos.

O *Nsóngi*, o Sonho. . . . Co *Jinsóngi*, os Sonhos.

O *Ndúnda*, a Tarrafa. . . . Co *Jindúnda*, as Tarrafas.

O *Nzác'i*, o Trovão. . . . Co *Jinzác'i*, os Trovões.

O *Mgubatéte*, a Vespa. . . Co *Jingubatéte*, as Vespas.

O *Nguánga*, o Veneno. . . Co *Jinguánga*, os Venenos.

O *Nbánc'i*, a Ilharga. . . . Co *Jinbánc'i*, as Ilhargas.

O *Ndónghi*, o Pequeno. . . Co *Jindénghi*, os Pequenos.

O *Ngónghi*, a Juntura. . . . Co *Jingónghi*, as Junturas.

O *Ngándu*, o Lagarto. . . Co *Jingándu*, os Lagartos.

O *Ngánna Ojíchi*, o Monarca. Co *Jingánna Ojíchi*, os Monarcas.

O *Nsóngo*, a Ansia. . . . Co *Jinsóngo*, as Ansias.

O *Nséngi*, o Risco, ou Perigo. Co *Jinséngi*, os Riscos, ou Perigos.

O *Nbuánga*, o Engano. . . Co *Jinbuánga*, os Enganos.

Nomes que pertencem a ésta mesma segunda declinação.

O *Nonóxi*, a Estrella. . . . Co *Jinonóxi*, as Estrellas.

O *Lolóndo*, o Arco. . . . . Co *Jilolóndo*, os Arcos.

O *H'óngolo*, o Arco da velha. Co *Jih'óngolo*, os Arcos da velha.

O *H'óta*, o Angulo. . . . Co *Jih'óta*, os Angulos.

O *Cúcu*, o Avô. . . . . . Co *Jicúcu*, os Avós.

O *Táta*, o Pai. . . . . . Co *Jitáta*, os Pais.

O *Máma*, a Mãi. . . . . Co *Jimáma*, as Mãis.

O *Pánch'i*, o Irmão. . . . Co *Jipánch'i*, os Irmãos.

O *Gúiugúia*, o Cugumello. . Co *Jigúiugúia*, os Cugumellos.

O *Imbua*, o Cão. . . . . Co *Jimbua*, os Cães.

O *Bínsa*, a Camisa. . . . Co *Jibínsa*, as Camisas.

O *H'uéri*, o Cunhado. . . . Co *Jih'uéri*, os Cunhados.

O *H'éte*, a Curiosidade. . . Co *Jih'uéte*, as Curiosidades.

O *H'ála*, o Caranguejo. . . Co *Jih'ála*, os Caranguejos.

O *Sábu*, o Ditado. . . . . Co *Jisábu*, os Ditados.

O *Pámbu*, a Derrota, ou Caminho. Co *Jimpámbu*, as Derrotas, ou Caminhos.

O *Pámbu*, o Passeio. . . . Co *Jinpámbu*, os Passeios.

O

O *Anc'i*, o Desejo. . . . . Co *Jiánc'i*, os Desejos.
O *Guénhi*, a Dignidade. . . Co *Jiguénhi*, as Dignidades.
O *Gachácha*, o Espirro. . . Co *Jigachácha*, os Espirros.
O *Lóndo*, o Metal. . . . . Co *Jilóndo*, os Metaes.
O *Vóngo*, o Miolo. . . . . Co *Jivóngo*, os Miolos.
O *H'ámua*, o Mosquito. . . Co *Jih'ámua*, os Mosquitos. . .
O *Gína*, o Piolho. . . . . Co *Jigína*, os Piolhos.
O *H'uh'únhu*, o Orfão. . . Co *Jih'uh'únhu*, os Orfãos.
O *Báma*, a Paragem. . . . Co *Jibáma*, as Paragens.
O *H'ába*, a Patranha. . . . Co *Jih'ába*, as Patranhas.
O *Béttu*, o Travesseiro. . . Co *Jibéttu*, os Travesseiros.
O *H'áta*, a Rodilha. . . . Co *Jih'áta*, as Rodilhas.
O *Ub'áta*, o Sovaco. . . . Co *Jiub'áta*, os Sovacos.
O *Chínhu*, o Poro do corpo. . Co *Jichínhu*, os Poros do corpo.
O *Pómbe*, o Internuncio. . . Co *Jipómbe*, os Internuncios.
O *Chímba*, a Raposa. . . . Co *Jichímba*, as Raposas.
O *Zúma*, o Ronco. . . . . Co *Jizúma*, os Roncos.
O *Tulubusávu*, o Rumor. . . Co *Jitulubusávu*, os Rumores.
O *H'áqui*, o Çumo. . . . Co *Jih'áqui*, os Çumos.
O *Ucoh'aquíme*, o Sogro. . . Co *Jicoh'aquíme*, os Sogros.
O *Pó*, a Coroa. . . . . . Co *Jipó*, as Coroas.
O *Ingi*, a Mosca. . . . . Co *Jiingi*, as Moscas.
O *Bánqui*, a Testemunha. . . Co *Jibánqui*, as Testemunhas.
O *Pángo*, a Virtude. . . . Co *Jipángu*, as Virtudes.
O *Ngánc'i*, a Soberba. . . . . Não tem.
O *Bámbi*, o Marco, ou Con-   Co *Jibámbi*, os Marcos, ou
fim.   Confins.
O *Sóssu*, a Faisca. . . . . Co *Jisóssu*, as Faiscas.
O *Chíngu*, o Pescoço. . . . Co *Jichíngu*, os Pescoços.
O *Búmbi*, a Esfera . . . . Co *Jibúmbi*, as Esferas.
O *Guína*, a Gruta. . . . . Co *Jiguína*, as Grutas.
O *Ngíngi*, a Gula. . . . . Co *Jingíngi*, Não tem.
O *H'olómi*, o Genro. . . . Co *Jih'olómi*, os Genros.
O *Huéli*, a Inspiração. . . . Co *Jih'uéli*, as Inspirações.
O *Támbi*, o Luto. . . . . Co *Jitámbi*, os Lutos.
O *Xacóco*, o Linguareiro. . . Co *Jixacóco*, os Linguareiros.
O *Távu*, o Porto. . . . . Co *Jitávu*, os Portos.
O *Uttóca*, a Cinza. . . . . Co *Jittóca*, as Cinzas.
O *Batuílo*, o Sacrificio. . . . Co *Jibatuílo*, os Sacrificios.

O

O Páchi, a Necessidade. . . *Co Jipáchi*, as Necessidades.
O Bánça, a Cidade. . . . *Co Jibánça*, as Cidades.
O Insu, a Casa. . . . . . *Co Jiuso*, as Casas.

Igualmente se devem accrescentar os seguintes nomes, aos da terceira declinação.

O Quiáchi, a Cidade. . . . *Co Iáchi*, as Cidades.
O Quíbi, o Mal, ou a Desgraça. *Co Ibi*, os Males, ou as Desgraças.
O Quissélu, o Aborto. . . *Co Issélu*, os Abortos.
O Quíffu, o Aborto. . . . *Co Iffu*, os Abortos.
O Quilembequéte, a Sombra. . *Co Ilembequéte*, as Sombras.
O Quichíma, o Poço. . . . *Co Ichíma*, os Poços.
O Quinghinína, a Consequencia. *Co Inghinína*, as Consequencias.
O Quiarifangána, a Semelhança. *Co Iarifangána*, as Semelhanças.
O Quitúmba, a Morte. . . *Co Itúmba*, as Mortes.
O Quigiríla, a Inclinação. . *Co Igiríla*, as Inclinações.
O Quimóquio, a Diligencia. . *Co Imóquio*, as Diligencias.
O Quicúnda, o Traidor. . . *Co Icúnda*, os Traidores.
O Quittangána, o Intervallo. *Co Ittangána*, os Intervallos.
O Quichínda, o Escarro. . . *Co Ichínda*, os Escarros.
O Quiffúlu, a Escuma. . . *Co Iffúllu*, as Escumas.
O Quiffúmbe, o Ladrão assassino. *Co Iffúmbe*, os Ladrões assassinos.
O Quíta rid h'únhi, o Feixe de lenha. *Co Ita já jih'únhi*, os Feixes de lenha.
O Quilulúma, a Planicie. . . *Co Ilulúma*, as Planicies.
O Quiánsu, o Ninho. . . . *Co Iánsu*, os Ninhos.
O Quibíri, a Indigencia. . . *Co Ibíri*, as Indigencias.
O Quichíngi, a Ponte. . . . *Co Ichíngi*, as Pontes.
O Quitóte, o Ponto. . . . *Ce Itóte*, os Pontos.
O Quibubílu, a Praga. . . . *Co Ibubílu*, as Pragas.
O Quinséndu, o Precipicio. . *Co Inséndu*, os Precipicios.
O Quiquéla, o Procurador. . *Co Iquéla*, os Procuradores.
O Quiáncu, a Palha. . . . *Co Iáncu*, as Palhas.
O Quibálu, a Queda, ou Tombo. *Co Ibálu*, as Quedas, ou Tombos.

O *Quisómba*, a Rapasiada.	Co *Isómba*, as Rapasiadas.
O *Quibánc'i*, o Remendo.	Co *Ibánc'i*, os Remendos.
O *Quitetéle*, o Retalho.	Co *Itctéle*, os Retalhos.
O *Quiah'éla*, a Rainha.	Co *Iah'éla*, as Rainhas.
O *Quílu*, o Somno.	. . . . Não tem.
O *Quilúlu*, a Tempestade.	Co *Ilúlu*, as Tempestades.
O *Quibucumúna*, a Tentação.	Co *Ibucumúna*, as Tentações.
O *Quibucánu*, a Topada.	Co *Ibucánu*, as Topadas.
O *Quibúbe*, o Tormento.	Co *Ibúbe*, os Tormentos.
O *Quichómba*, a Trama, ou Maquinação.	Co *Ichómba*, as Tramas, ou Maquinações.
O *Quicc'inc'i*, o Tronco.	Co *Icc'inc'i*, os Troncos.
O *Quixixi*, o Mundo.	. . . . . . Não tem.
O *Quiffa*, a Especie.	Co *Iffa*, as Especies.
O *Quitábu*, o Vaso.	Co *Itábu*, os Vasos.
O *Quiculági*, o Velho.	Co *Iculági*, os Velhos.
O *Quitémbo*, o Vento.	Co *Itémbo*, os Ventos.
O *Quissuchíno*, a Bexiga do ventre.	Co *Issuchíno*, as Bexigas do ventre.
O *Quissámbo*; o Perdão.	. . . . . Não tem.
O *Quingóngo*, a Doença de Bexigas.	Co *Ingóngo*, as Bexigas.
O *Quiriguánu*, a Visão.	Co *Iruguánu*, as Visões.
O *Quicalacaló*, a Obra.	Co *Icalacaló*, as Obras.
O *Quilóa*, a Voragem.	Co *Ilóa*, as Voragens.
O *Quivári*, a Fecundidade.	Co *Ivári*, as Fecundidades.
O *Quiménga*, a Frigideira.	Co *Iménga*, as Frigideiras.
O *Quichíma*, o Poço.	Co *Ichíma*, os Poços.
O *Quiquiléngu*, a Guela.	Co *Iquiléngu*, as Guelas.
O *Quibúndu*, o Golpe.	Co *Ibúndu*, os Golpes.
O *Quilangrílu*, o Guarda.	Co *Ilangrílu*, os Guardas.
O *Quiffufúnha*, a Gengiva.	Co *Iffufúnha*, as Gengivas.
O *Quichinganecó*, o Pensamento.	Co *Ichinganecó*, os Pensamentos.
O *Quiffúa*, o Habito, ou Costume.	Co *Iffúa*, os Habitos, ou Costumes.
O *Quitocaména*, o Lamaçal.	Co *Itocaména*, os Lamaçáes.
O *Quiríri*, o Lugar.	Co *Iríri*, os Lugares.
O *Quitóto*, a Mancha.	Co *Itóto*, as Manchas.

O

O *Quingúndu*, o Mariola. . Co *Ingúndu*, os Mariolas.
O *Quiffiquila*, o Conselho bom. Co *Iffiquila*, os Conselhos bons.
O *Quicútu*, o Conselho máo. Co *Icútu*, os Conselhos máos.
O *Quiximbuéte*, o Sinal. . . Co *Iximbuéte*, os Sinaes.
O *Quissuéia*, o Vassallo. . . Co *Issuéia*, os Vassallos.
O *Quígi*, o Penhor. . . . . Co *Igi*, os Penhores.
O *Quitolólo*, o Preposito, ou Co *Itolólo*, os Prepositos, ou
Deliberação. Deliberações.
O *Quiríma*, o Fruto. . . . Co *Iríma*, os Frutos.
O *Quilúla*, a Injúria. . . . Co *Ilúla*, as Injúrias.
O *Quifúchi*, o Reino. . . Co *Ifúchi*, os Reinos.
O *Quizónga*, a Congregação. Co *Izónga*, as Congregações.
O *Quimbámba*, o Insecto. . Co *Imbámba*, os Insectos.
O *Quiffícua*, a Comparação. . Co *Ifícua*, as Comparações.
O *Quialuválu*, o Original. . Co *Ialuválu*, os Originaes.

Da mesma maneira se devem accrescentar aos nomes da quarta declinação os seguintes :

O *Ribáta*, a Villa, ou Habi- Co *Mabáta*, as Villas, ou Ha-
tação. bitações.
O *Ricúndu*, o Circulo. . . . Co *Macúndu*, os Circulos.
O *Ricúmba*, o Cadeado. . . Co *Macúmba*, os Cadeados.
O *Risúmba*, o Cheiro. . . . Co *Masúmba*, os Cheiros.
O *Rissóla*, o Escolhido. . . Co *Massóla*, os Escolhidos.
O *Richíta*, a Fogueira. . . Co *Machíta*, as Fogueiras.
O *Ríchi*, o Fumo. . . . . Co *Maríchi*, os Fumos.
O *Riffúla*, o Gosto. . . . Co *Maffúla*, os Gostos.
O *Ritataména*, a Lagarta. . Co *Matataména*, as Lagartas.
O *Rimúne*, o Orvalho. . . Co *Mamúne*, os Orvalhos.
O *Ribítu*, a Porta. . . . . Co *Mabítu*, as Portas.
O *Riémbu*, o Povo. . . . . Co *Mémbu*, os Povos.
O *Rinhánhu*, o Rasto. . . . Co *Manhánhu*, os Rastos.
O *Rinháncu*, a Abobra. . . Co *Manháncu*, as Abobras.
O *Rinhúncu*, a Abobrasinha. . Co *Manhúncu*, as Abobrasinhas.
O *Riquénhi*, o Rochedo. . . Co *Maquénhi*, os Rochedos.
O *Riquénsa*, a Traça. . . . Co *Maquénsa*, as Traças.
O *Ribúnda*, a Trouxa. . . . Co *Mabúnda*, as Trouxas.
O *Ricussúca*, a Cor vermelha. Co *Macussúca*, as Cores verme-
lhas.   O

O *Rigimbuluiló*, a Declaração. Co *Magimbuluiló*, as Declara·
                                  ções.
O *Rildo*, a Riqueza. . . . Co *Maldo*, as Riquezas.
O *Rinséngi*, o Perigo. . . . Co *Manséngi*, os Perigos.
O *Rigína*, o Nome. . . . . Co *Magína*, os Nomes.
O *Rianéma*, o Pezo. . . . Co *Manéma*, os Pezos.
O *Ricáo*, o Calis. . . . . Ço *Maricáo*, os Calices.
O *Rivéve*, a Borbulha. . . . Ço *Mavéve*, as Borbulhas.
O *Ritóco*, o Moço. . . . . Co *Matóco*, os Moços.

Mais nomes que pertencem a esta mesma quarta declinação.

O *Lubácu*, o Tributo. . . . Co *Mabácu*, os Tributos.
O *Lutetéle*, a Canna brava. . Co *Matetéle*, as Cannas bravas.
O *Lulúlu*, a Amargura. . . Co *Malúlu*, as Amarguras.

Tratámos na sexta Observação de huns certos adjectivos a que chámamos de qualidade; como pois produzimos poucos exemplos, apontamos aqui os seguintes, por conhecermos quanto he proveitoso o conhecimento delles para a boa intelligencia da Lingua Bunda.

Molómbe, o Negro. . . . . *Alómbe*, os Negros.
Muguáchi, o Natural da terra. *Aguáchi*, os Naturaes da terra.
Mabéle, o Magro. . . . . *Abéle*, os Magros.
Mabelequéte, o Molle, ou Bran- *Abelequéte*, os Molles, ou Bran-
   do.   dos.
Muchílu; o Mouco. . . . . *Michílu*, os Moucos.
Fellisúcu, o Verde. . . . *Jifellisúcu*, os Verdes.
Chiquiléla, o Preto. . . . *Jichiquiléla*, os Pretos.
H'óchi, o Tyranno, ou Feroz. *Jih'óchi*, os Tyrannos, ou Fe-
                              rozes.
Lalúvi, o Goloso. . . . *Jilalúvi*, os Golosos.
Cucúma, o Tardio no fallar. . *Jicucúma*, os Tardios no fallar.
Ndénghi, o Pequeno. . . . *Jindénghi*, os Pequenos.
Ngánc'i, o Soberbo. . . . *Jingánc'i*, os Soberbos.
Tágua, o Mudo, e Surdo. . *Jitágua*, os Mudos, e Surdos.
Zangalála, o Rebelde. . . *Jizangalála*, os Rebeldes.
Quituáma, o Principal. . . *Ituáma*, os Principaes.
Quicúsa, o Gago. . . . . *Icúsa*, os Gagos.
Quibánda, o Impotente. . . *Ibánda*, os Impotentes.
Quimuéma, o Risonho. . . *Imuéma*, os Risonhos.
Quindandalacáta, o Robusto. *Indandalacáta*, os Robustos.

Y

Qui-

Quiab'ábu, o Vagabundo. . . *Iab'ábu*, os Vagabundos.
Quissémbi, *ne Ngánc'i*, o Vão, *Issémbi*, *ne Jingánc'i*, os Vãos,
  e Soberbo.   e Soberbos.
Quichamanénu, o Inconstante. *Ichamanénu*, os Inconstantes.
Quianéte, o Gordo. . . . *Ianéte*, os Gordos.
Quiagímbe, o Grosso. . . *Iagímbe*, os Grossos.
Quiacucúta, o Secco. . . *Iacucúta*, os Seccos.
Quitúa, o Innocente. . . *Itúa*, os Innocentes.
Quiaquimudnbu, o Vagaroso. *Iaquimuánbu*, os Vagarosos.
Quichímba, o Candido. . . *Ichímba*, os Candidos.
Quinemésa, o Negligente. . *Inemésa*, os Negligentes.
Quiagía, o Sabio. . . . *Iagía*, os Sabios.
Quiatóva, o Ignorante. . . *Iatóva*, os Ignorantes.
Quibúngi, o Privado. . . *Ibúngi*, os Privados.
Quialuválu, o Original. . . *Ialuválu*, os Originaes.
Rituabéla, o Proveitoso. . . *Matuabéla*, os Proveitosos.
Ricussúca, o Vermelho. . . *Macussúca*, os Vermelhos.
Ribúmbu, o Mudo. . . . . *Mabumbu*, os Mudos.

Tambem não he de menos interesse o conhecimento dos seguintes adjectivos, que correspondem aos de número ordinal.

Quiariángue, o Primeiro. . . *Iariángue*, os Primeiros.
Quinguinína, o Ultimo. . . *Inguinína*, os Ultimos.
Quiásseri, o Outro. . . . *Iásseri*, os Outros.
Uomucuá, o Outro. . . . *Acuá*, os Outros.
Quínha, Huma certa. . . . *Inha*, Humas certas.
Quióssu, Todo. . . . . *Ióssu*, Todos.
Quituáma, o Principal. . . *Ituáma*, os Principaes.
Quissuquirílu, o Infimo. . . *Issuquirílu*, os Infimos.
Ricíta, o Maior. . . . . *Macóta*, os Maiores.
Ndénghi, o Menor. . . . *Jindénghi*, os Menores.
Cazúli, o Ultimo da Familia. *Acazúli*, os Ultimos da Familia.

Tratámos outrosim, na sexta Observação dos adverbios; como pois o uso delles he muito frequente em todas as linguas; devemos por isso accrescentar aos affirmativos os seguintes:

Inga. Assim, ou Ou. . . . *Echipé*, Ainda que.
Egué, Amen. . . . . . *Ocupé*, Tambem.
Enéuque, Por tanto. . . . *Suca-pé*, Mas tambem.
Quioquio-pé, Assim tambem. *Quióquio muéne*, Assim mesmo.
ga-pé, Assim tambem. . . *Quíria-quíria*, Verdadeiramente.

In-

Inguéqui, Assim como. . . . *Eneúque*, Assim que.
Eúe, Sim. . . . . . . *Quiopé*, Assim tambem.

Aos Negativos.

Inga-qué, ou Não. . . . *Mahím*, Porém.
Uca-úla, Mas como. . . . *Súca*, Porém, mas.
Ngóquio, em Vão, de Balde. . *Que*, Não.
Suca-echi-pé, Porém ainda que. *Né*, Nada.

Aos Demonstrativos.

Bambé, Até. . . . . . . *Quióquio muéne*, Assim tam-
bem.
Tandé, Desde. . . . . . *Quióquio-pé*, Assim tambem.
Inguéqui équi, Como quando. *Équi*, Quando.
Cambéchi, Por isso. . . . . *Eneúque*, Por tanto.
Equi, Em que. . . . . . *Coecála*, A'cerca.

Aos de Interrogação.

Inga-qué? Ou não? . . . . *Eneúque?* Por onde?
Quióquio muéne? Do mesmo *Ulá?* Como?
modo.
Eúe ingaqué? Sim, ou não? . *Ocupé?* Tambem?
Equi? Quando? . . . . . *Nembíri?* Ou?
Inga-pé? Tambem assim? . . *Equi?* Qual?
Quiéqui? Porque? . . . . *Suca-quiéqui?* Mas porque?
Ebé? Então? . . . . . . *Bambé québi?* Até onde?
Ethi? Que? . . . . . . *Né?* Nada?
Imé? Já? . . . . *Uque?* Agora?
Uchi? Que? . . . . . . *Rieríuo?* Hoje?

Aos de Comparação.

Inga, Assim, ou. . . . . . *Eneúque*, Por onde.
Inguéqui, Assim como. . . *Ula*, Como.
Ocupé, Tambem. . . . . *Ngambebó*, Não sómente.
Suca-pé, Mas tambem. . . . *Quióquio muéne*, Assim tam-
bem.
Nembíri, Ainda, ou. . . . *Inguéqui équi*, Como quando.
Quióquio-pé, Assim tambem. . *Enga*, Assim como.
Inga-pé, Ou tambem. . . . *Quio-pé*, Assim tambem.
Quióquio muéne, do mesmo mo-
do.

A os

Aos de Lugar.

Cuébi, Onde. . . . . . . *Cóxi*, Debaixo.
Hánda, Desde. . . . . . *Riéri*, ou *Equi*, Em que.
Bambé, Até. . . . . . . *Bu-cáchi*, Em medio.

Aos de Tempo.

Bebó, Logo. . . . . . *Bambé*, Até.
Uque, Agora. . . . . . *Luú*, Depressa.
Équi, Quando. . . . . . *Enetíque*, Finalmente.
Equihánda, Antes que. . . . *Enetíque équi hánda*, Donde em quanto.
Hánda, Antes, ou desde. . . *Abá*, Depois.
Imĕ, Já. . . . . *Uque*, No mesmo tempo.
Rierinu, Hoje, agora. . . . *Comacúmbi*, Continuadamente.
Ocupé, Juntamente. . . . . *Quiachimanéqui*, No mesmo instante.

Ultimamente aos de Qualidade.

Quíria-quíria, Verdadeiramente.   *Quiachimanéqui*, Instantaneamente.

Saculúle, Claramente. . . . *Comacúmbi*, Continuadamente.

Quialuélu, ou, *Coluélu*, Deliberadamente.   *Coquilíingi*, Prudentemente.

Congóquio, Brutalmente. . . *Quialuá*, ou, *Coluá*, Facilmente.

Coquimudnhu, Vagarosamente.   *Quialéngu*, ou, *Coquiléngu*, Velozmente.

Quiacnffúle, ou, *Comaffúla*, Gostosamente.   *Consóngo*, Ansiosamente.

Quiacuh'ánhi, ou, *Coh'ánhi*, Tyrannamente.   *Quiangánc'i*, ou, *Congánc'i*, Soberbamente.

Quiacutuáma, ou, *Coquituáma*, Principalmente.   *Coquichamanénu*, Inconstantemente.

Coquittía, ou, *Quiaquittía*, Innocentemente.   *Quiacuchímbe*, ou, *Coquichímba*, Candidamente.

Quiacunemésa, ou, *Conemésa*, Negligentemente.   *Quiacugíe*, ou, *Coegía*, Sabiamente.

Comatuabéla, Proveitosamente.   *Coquinguinína*, Ultimamente.

Fim do Supplemento.

DIC-

DICCIONARIO ABBREVIADO

DA

LINGUA CONGUEZA,

A QUE ACCRESCE

HUMA QUARTA COLUMNA,

QUE CONTE'M OS TERMOS

DA

LINGUA BUNDA,

IDENTICOS, OU SEMELHANTES

A'

LINGUA CONGUEZA,

COLLIGIDO, E ORDENADO

POR

Fr. BERNARDO MARIA DE CANNECATIM,

Capuchinho Italiano da Provincia de Palermo, Missionario Apostolico, e Ex-Prefeito das Missões de Angola, e Congo.

AO LEITOR.

Prometti no Prologo das Observações Grammaticaes da Lingua Bunda dar ao público este pequeno Diccionario da Lingua Congueza , e no fim delle huma demonstração para mais individualmente fazer ver ao curioso Leitor a estreita affinidade, que a Lingua Congueza tem com a Lingua Bunda : promessa, que fiz, no caso de me chegarem a tempo as noticias, e documentos que sollicitava ; porém estas noticias até hoje me não tem chegado, e dos documentos só pude haver a Doutrina Christá da Lingua Congueza , sendo inuteis as activas diligencias que empreguei para descobrir huma breve Grammatica da mesma Lingua, obstando esta carencia de instrucções a satisfazer como queria aos meus desejos , e promessas. Com tudo para de alguma maneira corresponder á curiosidade do Leitor ajuntarei aqui varias reflexões , que deverião fazer parte da promettida demonstração.

A referida Doutrina Christá foi a primeira Obra, que se imprimio da Lingua Congueza : ella he humá traducção da Doutrina Christá, que compozera no Idioma Portuguez Frei Marcos Jorge, da Companhia de Jesus para o uso dos Meninos , e foi litteralmente traduzida pelos Pretos Interpretes mais peritos da Corte do Congo, auxiliados, e assistidos pelo Padre Frei Mattheus Cardoso , da mesma Companhia de Jesus ; presumo seria estampada pela primeira vez em Lisboa , mas não tenho descoberto exemplar algum desta primeira edição.

No anno de 1650 hum Ex-Missionario da minha Religião Capuchinha , chamado Frei Jacinto Brusciato de Vetralha, a tornou a imprimir em Roma em quatro linguas , e distinctas columnas : a primeira contém a Lingua Congueza , a segunda a Portugueza , a terceira a Latina, a quarta a Italiana. A Grammatica de que fiz menção veio a meu poder por alguns momentos ; porém

Z ii   em em tempo , que eu não necessitava della, e supponho ser o seu Author o mesmo Padre Vetralha.

A Lingua Congueza tem varios dialectos : o que se falla no principado de Sonho , e seus contornos em algumas cousas parece avisinhar-se mais á pronunciação da Lingua Bunda , segundo se colhe deste pequeno Diccionario : o que se falla na Corte do Congo , e outras provincias á primeira vista parece ter alguma differença , como indica a columna Congueza da referida Doutrina Christã , especialmente entre as duas letras *D* , e *R* , e tambem entre as duas *Z* , e *J*.

Por quanto os de Sonho escrevem , e pronuncião com a letra *R* assim no principio , como no meio da palavra , no que se conformáo com os Abundos : os da Corte do Congo pelo contrario em lugar da dita letra *R* servem-se da letra *D* v. g. , o número dous , aquelles povos escrevem *Sambudri* , e estes *Sambuddi* : e onde os primeiros escrevem a palavra com dois *Rr* , os segundos a escrevem com dous *Dd* , como *Riári* , os segundos escrevem *Diádi* : e por isso vem estes a fazer pouco , ou nenhum uso da letra *R* , e se a adoptão escrevendo o Santissimo Nome de Maria , e outros nomes , he de presumir fosse por ensino dos Europeos , e não porque elles assim a pronunciassem. Mas parece, que os ditos povos do Sonho tem hum uso diverso , servindo-se pouco da letra *D*.

Porém examinando-se a fundo este negocio , achar-se-ha que todos elles pronuncião huma mesma letra , que não he nem *D* rotundo , nem *R* expresso ; mas sim huma letra propria , e particular dos de Guiné , cuja pronunciação medeia entre o *D* , e *R* , e que proferida por hum mesmo sujeito , parece humas vezes , que pronuncia a letra *D* , e outras a letra *R*.

A letra que elles pronuncião entre *D* , e *R* os Conguezes de Sonho para a exprimir na escrita servem-se da letra *R* do mesmo modo , que os Abundos de Angola , como se póde ver no Livro intitulado *Gentilis Angole* , o qual usa da mesma letra *R*.

Eu que varias vezes examinei este particular , me tenho servido da mesma letra *R* porque parece que a pronunciação se approxima mais á letra *R* do que a *D* , se bem não seja hum *R* aberto e claro , mas hum *R* sumido e brando , proferido com a ponta da lingua junta aos dentes no acto da pronunciação.

O Author da sobredita Doutrina Christã para exprimir esta le-

letra usa de *D* que posta no principio, e meio das palavras as transtorna e desfigura, parecendo a quem não he prático, que são outras com differente pronunciação, quando na realidade são os mesmos termos, e igualmente pronunciados.

He constante que o Reino do Congo foi descoberto no Reinado do Senhor Rei D. João II., no anno de 1490 quando elle mandou á Corte do Congo Embaixadores, e Missionarios. Assim o refere Frei Luiz de Sousa, na segunda parte da Historia de S. Domingos Livro VI. Cap. 8.

Naquelle tempo erão os Conguezes Barbaros, e rudes, não tinhão conhecimento distincto do verdadeiro Deos, porque todos erão Gentios, e idolatras : ignoravão não só todo o genero de escrituração, mas quaesquer outros meios, ou industria para conservar a memoria dos factos, e as tradições dos seus maiores.

Por tanto faltando os soccorros da Historia, e sendo immemorial o tempo que tem decorrido desde a fundação desta Monarquia, não he de admirar, que nada se possa saber da sua origem, successão, e antiguidade : e que tambem nada se possa alcançar a respeito da Lingua, que presentemente se falla, se nasceo no mesmo Reino, se he Lingua mái, ou filha de outra Lingua do Continente de Africa ; tudo he incerto, tudo involvido em hum cahos de trévas.

Só do conhecimento das Linguas dos povos limitrofes do Reino do Congo se poderia conjecturar alguma cousa ; mas quem he que possue este conhecimento? Onde estão as pessoas que tem viajado por aquellas terras ? Onde os Livros, onde os Mestres, que ensinem taes idiomas? Tudo he incognito, nem jámais houve Europeo que possa jactar-se de trilhar aquelles Paizes, e mesmo julgo quasi impossivel haja para o futuro.

A intrepida Nação Portugueza he a unica, que se tem avançado nos Sertões de Guiné ; porém esta mesma nunca passou além das serras do Reino do Congo, e no Reino de Angola nunca passou adiante das terras do Potentado Cassanci. Sómente ouvi contar como hum facto constante, mas singular, e prodigioso, que dous Soldados fugitivos de Benguela atravessárão até á contra costa, e forão dar a Moçambique. Quanto ás mais Nações Europeas nunca perdérão de vista as suas Feitorias das praias.

Por tanto as minhas reflexões não podem deixar de ser mui limitadas, e guiando-me por aquillo que me representa este Dic-

cio-

cionario, pelo que me subministrou a leitura da Doutrina Christã do Padre Vetralha, e pela propria experiencia que tive na minha dilatada habitação em Angola, sou de parecer, que as duas Nações Congueza, e Bunda se derivarião de huma mesma origem, e familia, e que com o andar do tempo se diffundiria em ramos, e formarião estas duas differentes Nações.

Assim o indicão os seus costumes, e a uniformidade das suas ceremonias. O uso particular de cada familia em ter o seu *Quibúcco*, isto he, o seu Idolo; o supersticioso culto, que lhe tributão, e a ceremonia, que praticão de o pôr sobre o sepulchro do ultimo individuo, que morre daquella familia: tudo he igualmente observado pelas duas Nações, assim como tambem o culto, que tributão aos Deoses populares. As Leis por que se governão as duas Nações; o modo, que guardão na escolha, e eleição dos seus Maioraes; a fórma dos seus Governos; as superstições, e juramentos gentilicos que usão; os ridiculos, e infames usos da Nigromancia, e os bailes que chamão *Lundús*, *Batúques*, e outros ménos abominaveis; a cura que fazem aos seus Enfermos com a intervenção dos Adevinhadores, e Chinghiladores, ou Magicos; os funeraes, e enterros, conduzindo o Cadaver á sepultura com huma turba de gente, que vai dançando, e cantando diante delle, e os prantos a humas certas horas ao nascer, e pôr do Sol, ao meio dia, e de noite ao cantar do Gallo, ceremonial praticado em todo o tempo do nojo, o que chamão *Támbi*; a casa do uso, ou onde a Noiva he encerrada por alguns dias, tingindo-se de vermelho com a raiz de hum páo chamado *Tacúla*, a fim de ser fecunda, e as mais ceremonias que precedem, acompanhão, e seguem os casamentos, com outras festas gentilicas, apenas em alguma cousa se differenção, sendo em tudo o mais as duas Nações conformes.

A mesma uniformidade se observa nos idiomas destes Povos. A base fundamental da Lingua Congueza he, que as letras, ou syllabas iniciaes são as que governão, e distinguem as palavras, e não as terminações, como dissemos da Lingua Bunda, o que he huma grande prova, de que ambas as Nações tiverão a mesma origem.

Os principios, e elementos das palavras de ambas as Nações, muitos, ou são identicos, ou quasi identicos; e huma grande quantidade dos seus vocabulos vem-se entre ellas igualmente ado-

adoptados, tendo as mesmas syllabas iniciaes, as mesmas letras, o mesmo significado, e o mesmo número. Outras palavras são quasi identicas, e a differença só consiste em alguma letra de mais, ou de menos, ou trocada. Finalmente algumas são commuas a ambas as Nações, mas em cada huma dellas tem differentes significados.

Os números são dous como na Lingua Bunda, e se distinguem pelas suas iniciaes: pois a inicial do singular he diversa da do plural, e a final de ambos os números em todos os casos he a mesma.

Todas, ou a maior parte das declinações dos nomes da Lingua Congueza, são os mesmos que na Lingua Bunda, e debaixo das mesmas regras, e preceitos: os adjectivos da mesma sorte. O pronome demonstrativo da primeira pessoa ainda que no singular he differente, com tudo no plural faz *etu*, como na lingua Bunda *ettu* nós, e só tem huma letra de menos. O da segunda pessoa tanto no singular, como no plural he o mesmo, que se usa na Lingua Bunda. Mas o pronome da terceira pessoa em ambos os números he differente: o que não obstante todos estão regulados, e comprehendidos debaixo dos principios Grammaticaes da Lingua Bunda.

Os artigos alguns são os mesmos da Lingua Bunda, outros não. Porém deve o Leitor ter presente aquillo que dissemos a respeito das duas letras *D*, e *Z* Conguezes, e *R*, e *J* Abundos, pois os artigos destes *Riá*, e *Ji*, os da Corte do Congo os escrevem com a *D*, e *Z*, *Diá*, e *Zi*, e para escreverem *Jingánga*, os Sacerdotes, escrevem *Zingánga*. Assim o vejo praticado na referida Doutrina Christã do Padre Vetralha, não em huma parte só, mas em todas, onde os Abundos fazem entrar as letras *R*, e *J*. Os Conguezes da Corte servem-se das letras *D*, e *Z* quando parece, que a pronunciação destas letras he a mesma em huma, e outra Nação.

Tem igualmente os Conguezes os mesmos pronomes dos verbos, de que se servem os Abundos para distinctivo dos números e pessoas, excepto o da primeira pessoa do singular de qualquer verbo, seja nos modos, ou seja nos tempos, pois tanto neste Diccionario, como na citada Doutrina Christã tenho achado sempre as primeiras pessoas do singular desacompanhadas de pronome. Na segunda pessoa do singular usão do pronome *Gu*, ou *U*, na tercei-

ceira do singular humas vezes usão do pronome *U*, outras do pronome *A*. Na primeira pessoa do plural usão constantemente do
pronome *Tu* como na Lingua Bunda. Na segunda pessoa do plural do pronome *Mú*. E finalmente na terceira do plural servem-se
de ordinario do pronome *A*, e algumas vezes dos *Luá*, e *Muá*.

Os Moradores da Corte do Congo designão commumente o
verbo infinito com a syllaba inicial *Cu*, ou seja esta o pronome
inicial do verbo infinito., como pratíca invariavelmente a Nação
Bunda. Porém os Moradores do Sonho raras vezes escrevem o verbo infinito com a referida syllaba inicial *Cu*, porque ordinariamente a escrevem nua sem accrescentar nada mais, regra que a Nação Bunda observa unicamente no modo imperativo de todos os
verbos.

Muitas proposições, e adverbios da Lingua Congueza são
usados uniformemente na Lingua Bunda : mas cada huma encerra
tambem as suas preposições, e adverbios particulares.

Quanto aos termos numericos se se attende aos que se achão
dispersos na Doutrina Christã do referido Padre Vetralha parece,
que corre huma grande differença entre estes, e os dos Abundos,
muito mais porque os da Corte do Congo, como temos dito, escrevem as palavras com a letra *D* em lugar de *R*; e tambem porque tem o artigo *o*, que serve aos números ordinaes differente,
que he *Didid*, ou *Luluá*, cujo artigo pronuncião, e escrevem
unido ao número, v. g. *Didiá-sambuádi* o setimo, *Luluá-sam-
buádi* o setimo: e os Abundos não sómente tem o artigo dos números differente que he *Quiamóchi*, mas tambem escrevem o número sete com a letra *R* como *Quiamóchi-sambuári* o setimo.

Olhando pois para hum, e outro modo de escrever parece á
primeira vista que ha huma grande differença ; porém se se reflete
no que se tem dito das duas letras *D*, e *R* usadas destas duas Nações, o número sete sem o artigo *o* vem a ser o mesmo em ambas as linguas, e ou se diga *Sambuádi*, ou *Sambuári* a pronuncia he a mesma.

Refletindo aos números arithmeticos, que se achão na Ta-
boada deste Diccionario, conhecer-se-ha que elles são communs a
ambas as Nações, á excepção do número dous, quatro, e nove,
e huma pequena differença no número oito. Todos os mais números simplices estão escritos com as mesmas letras, e usados da
mesma fórma, que na Lingua Bunda ; os números compostos até

ao

ao número 100000, tambem quasi são os mesmos, em ambos os Idiomas.

A' vista pois desta grande uniformidade da Lingua Congueza com a Lingua Bunda em tantos vocabulos identicos, outros alterados, e addiccionados; o singular, e plural dos nomes distinguidos pelas letras, e syllabas iniciaes: os adjectivos regulados da mesma fórma: pronomes univocos: pessoas dos verbos com a nota distinctiva dos mesmos pronomes, preposições, e adverbios analogos: números arithmeticos homogeneos: costumes concordes: á vista digo, de tanta uniformidade não se póde duvidar, que estas duas Nações fossem derivadas de huma mesma origem, inaveriguavel na obscura antiguidade do tempo, em silencio da Historia; sem que obste a esta verosimil conjectura servem agora estas Nações tão dilatadas, e seus limites desviados por hum grande número de legoas.

Não posso dar huma demonstração mais evidente do que tenho ponderado, do que aquella que offerece á vista do Público este Diccionario da Lingua Congueza, que dividí em quatro columnas; a primeira contém a Lingua Portugueza, a segunda a Latina, a terceira a Congueza, e a quarta que serve de demonstração, contém todos os vocabulos da Lingua Bunda, que são identicos com os da Lingua Congueza sem discrepancia de letra alguma. Ha nesta mesma columna outros vocabulos com alguma pequena differença, que consiste em alguma syllaba de mais, ou de menos, ou em alguma letra trocada, como poderá observar o curioso Leitor, vindo assim no conhecimento da estreita affinidade destes dous Idiomas.

Algumas linhas da quarta Columna ficão em branco, que he signal de que a Lingua Bunda tem outros vocabulos particulares. Ha outras linhas marcadas, humas vezes com huma ✠, e outras com duas ✠✠ que denota, que aquelle vocabulo da Columna Congueza, tambem o he da Lingua Bunda, mas tem nesta outro significado: e quando as ✠✠, são duas, significa, que ambos os vocabulos da Lingua Congueza, são usados na Lingua Bunda debaixo de diversos significados.

Na mesma quarta Columna ha outras linhas marcadas com risca — á primeira se segue immediatamente outra tambem marcada com a mesma risca — , signal, de que o primeiro termo Conguez he o singular, e o da segunda linha he o plural. O Leitor deve reparar em huma, e outra inicial, que he o distinctivo

Aa   do

do singular, e plural dos nomes da Lingua Congueza; advertencia, que fizemos nas Observações da Lingua Bunda, onde se tratou dos nomes Abundos.

De proposito puz a quarta Columna da Lingua Bunda junto da da Lingua Congueza para mais facilmente se combinarem, e se mostrar a affinidade de ambos os Idiomas. Não me atrevo pois a chamar á Lingua Congueza Mãi da Lingua Bunda, ou esta da Congueza : porque muitos vocabulos desta os acho mais addiccionados do que na Lingua Bunda, v. g. o nome Santo de Deos, na Lingua Bunda he sómente *Zámbi*, e na Congueza *Zambi-ampúngu*, como se póde observar em muitas partes da sobredita Doutrina do Padre Vetralha. Ao contrario tambem encontro bastantes vocabulos na Lingua Bunda, que são mais accrescentados do que na Congueza : e se he verdadeira a regra que a *Lingua* mais addiccionada he filha, segue-se que nenhuma dellas he Mãi, mas ambas irmás, pois as razões, e provas estão em parallelo a respeito de huma, e outra. Talvez no interior do Sertão ainda exista a Lingua de que estes, e outros dialectos trazem a sua origem.

He quanto posso dizer da affinidade da Lingua Congueza com a Bunda, não mostrando aqui o lugar em que esta se falla, nem a sua semelhança com outras Linguas mais distantes, porque já tratei disto no Prologo das Observações da mesma Lingua Bunda.

Vale.

DIC-

DICCIONARIO ABBREVIADO
DA
LINGUA CONGUEZA.

Portuguez.	Latim.	Conguez.	Bundo.
		A B	
Abaixar.	Deprimo, is.	Culúla.	Cuttululúca.
Abaixo.	Infra.	Culúli.	Culuígi.
Abelha.	Apis, is.	Nhósci.	Nhúqui.
Abobra.	Cucurbita, æ.	Elénque.	
Abortar.	Aborto, as.	Sulúla.	
Abbreviar.	Abbrevio, as.	Sámpula.	
Abrir.	Aperio, is.	Jugúla.	Cugiucúla.
		A C	
Acabar.	Absolvo, is.	Mána.	✠
Acção.	Actio, is.	Sálu.	
Accender.	Succendo, is.	Cuíca, Lúnga.	Cucuíca. ✠
Accidente.	Eventus, ús.	Tundangána.	
Accommodar.	Accommodo, as.	Lúdica.	
Acompanhar.	Comitor, aris.	Tuaména.	✠
Acontecer.	Evenio, is.	Monéca.	✠
Acordar do somno.	Expergiscor, eris.	Sungúna.	

Por-

Portuguez.	Latim.	Conguez.	Bundo.

A C

Acostumar.	*Assuefacio , is.*	Culuquiána.	
Accusàr.	*Accuso , as.*	Cumaquéla.	
Acceitar.	*Recipio , is.*	Támbula.	*Cutámbula.*
Achar.	*Invenio , is.*	Bulangána.	✠
Açoutar.	*Verbero , as.*	Véta.	*Cubéta.*
Açoutes.	*Verbera , rum.*	Mixínga.	*Mixínga.*

A D

Adem , *ove aqua-* *tica.*	*Anas ; atis.*	Fadáo.	
Adevinhador.	*Divinus , i.*	Dianfúcu.	
Adevinhar.	*Divino , as.*	Dianfúca , Tamáh-ga.	
Adiantar.	*Præcurro , is.*	Vicíssa.	
Adiante.	*Ultra.*	Cunántu.	
Administran.	*Administro , as.*	Scilivíla.	*Cuscilivíla.*
Admittir.	*Adscribo , is.*	Uffána.	
Adoecer.	*Egroto ; as.*	Iéla.	
Adorar.	*Adoro , as. Colo , is.*	Sánba.	✠
Adornan.	*Orno , as.*	Chetúla.	
Adquirir.	*Consequor , eris.*	Báca.	✠
Advertencia.	*Admonitio , nis.*	Luquevúcu.	
Advertir.	*Admoneo , es.*	Chebúla.	
Advogado.	*Advocatus , i.*	Mubíngui.	—
Advogados.	*Advocati , orum.*	Mibíngui.	—

Portuguez.	Latim.	Conguez.	Bundo.

A L

Alma.	*Anima, æ.*	Muónho.	*Muénho.* —
Almas.	*Anime, arum.*	Miónho.	*Miénho, Anha.* —

A F

Affiar.	*Acuo, is.*	Songóla.	
Affirmar.	*Affirmo, as.*	Colosésa.	

A G

Agastar-se.	*Exandesco, is.*	Cuisaúla.	
Agua.	*Aqua, æ.*	Mása.	*Mása, Ménho.*
Agua ardente.	*Vinum igne vaporatum.*	Guála.	✠
Agora.	*Modo, nunc, jam.*	Unu.	*Uque.*
Agradecer.	*Gratias referre.*	Tónda.	✠
Aggravo.	*Injuria, as.*	Elévu.	
Aguia.	*Aquila, æ.*	Goezúlu.	
Agulha.	*Acus, ùs.*	Ntúmbu.	*Ntúmbu, Gúia.*

A I

Ainda.	*Adhuc.*	Iávu.	
Ajuda.	*Auxilium, i.*	Luvuquíle, du.	

A J

Ajuntar.	*Conjungo, is.*	Cucíca, Cutaquéssa.	

A L

Alargar.	*Dilato, as.*	Tambúca.	
Alcançar.	*Obtineo, es.*	Báca.	✠

Por-

Portuguez.	Latim.	Conguez.	Bundo.

A L

Alcatifa.	*Tapes, etis.*	Tulúlu.	
Alegria.	*Gaudium, ii.*	Luangalélu.	
Alguns.	*Aliquis, qua, quod.*	Onzo, Amúchi.	*Amóchi.*
Alli.	*Ibi, Illic.*	Múna, bána-bána.	*Cúna, Vána-vána.*
Alimpar.	*Abluo, is.*	Sucúla.	*Cussucúla.*
Allivio.	*Levamentum, i.*	Lussalílu.	
Alma.	*Anima, æ.*	Móio.	*Muénhu.*
Almoçar.	*Jento, as.*	Catuléte.	
Alto.	*Altus, a, um.*	Sangaméne.	*Azangúce, Quisáncu.*
Alumiar.	*Illumino, as.*	Miníca.	*Cumíca.*

A M

A'manhã.	*Cras, Crastino die.*	Bazaméne.	
Amar.	*Amo, as.*	Ngitíssa.	
Amargoso.	*Amarus, a, um.*	Lúla.	*Lúla, Quibíla.*
Amenduis, *fruta.*	*Amygdalum Africanum.*	Incúba.	*Jingúba.*
Amizade.	*Benevolencia, æ.*	Ndícu,	
Amor.	*Amor, oris.*	Nghébia.	

A N

Anatomia.	*Incisio, onis.*	Luvátu.	
Andar.	*Ambulo, as.*	Cuénda.	*Cuénda, Cúia.*
Anel.	*Annulus, i.*	Néla.	*Néla.*
Anno.	*Annus, i.*	Núu.	*Múfu, Muvu.*

Por.

Portuguez.	Latim.	Conguez.	Bundo.

A N

Ante.	Coram.	Cunántu.	
Antes.	Antea , prius.	Vanantetés.	
Anzol.	Hamus , i.	Eli.	

A O

| Ao menos. | Saltem. | Quialélo. | |
| Aos. | His. | Múna. | |

A P

Apartar.	Separo , as.	Setúca , Valúca.	
Apontar.	Noto , as.	Sangbéla.	
Apparelhar.	Molior , iris.	Sonséca.	
Aprender.	Disco , is.	Tánga.	
Aprendo.	Ego disco.	Tanghíli.	
Aproveitar.	Prosum , des.	Tambuluíla.	

A Q

Aquelle , aquelles.	Ille , illa , illud.	Iandiúna , Anna , Au.	Una , Ana , Agua.
Aquentar.	Caléfacio , is.	Quandúla , quándiu.	
Aqui.	Hic , Huc.	Báva , Cuácu.	Bóba , Cúcu , Múmu.

A R

Ar.	Aer , eris.	Gambuíla.	
Aranha.	Araneus , i.	Ebúba.	
Arco.	Arcus , ûs.	Tá.	
Arco iris.	Arcus Cælestis.	Ncóngolo.	Hongélo.

Por-

Portuguez.	Latim.	Conguez.	Bundo.

A R

Arder.	*Ardeo, es.*	Léma, Vica.	
Armar.	*Arcum tendere.*	Cancalacána.	
Arma.	*Telum, i.*	Mucancalacáno.	
Arrastar.	*Rapto, as.*	Cóca.	*Cucóca.*
Arrepender-se.	*Pænitentiam agere.*	Luiéla.	*Acurieléla.*
Arrependimento.	*Animi dolor.*	Luélo.	*Murielélo.*
Arrependido.	*Pænitens, tis.*	Muluélo.	*Amurieléla.*
Arrotar.	*Ructo, as.*	Biéca.	
Arruinar.	*Demolior, iris.*	Bangúla.	*Cubanguála, Cu-cuaquissa.*
Arte.	*Ars, artis.*	Nquéte.	
Artigo.	*Articulus, i.*	Luéca.	
Arvore.	*Arbor, oris.*	Múti.	*Múcc'i, quisóssa.*

A S

Assar.	*Asso, as. Torreo, es.*	Fúna.	
Assentar-se.	*Sedeo, es.*	Vánda. Tessána.	✠, *Cuchicáma.*
Assento.	*Sedes, is. Sedile, is.*	Quiándu.	*Q'uiála.*
Assim.	*Ita. Hoc modo.*	Aúna.	
Assoprar.	*Spiro, as. Flo, as.*	Moéla.	
Astucia.	*Calliditas, atis.*	Gángu.	

A T

Atar.	*Ligo, as.*	Cánga.	✠
Até.	*Usque.*	Asúnma.	

Portuguez.	Latim.	Conguez.	Bundo.

A T

Atrás.	Retro, retro et a tergo.	Cuníma.	Curíma.
Attenção.	Attentio, nis.	Npítu.	
Attrição.	Attritio, onis.	Lucotáma.	

A V

Aver.	Consequor, eris.	Támbula, Avua.	Cutámbula. ✠
Aviso.	Notitia, æ.	Lusaísu.	

A Z

Aza.	Ala, æ.	Eua.	—
Azas.	Ale; alarum.	Maua.	—

B A

Bacia.	Pelvis, is.	Bassía.	Bacía, Rilónga.
Baço.	Lien, is.	Lubúla.	
Bailar.	Tripudio, as.	Quinína.	Cuquína.
Bainha de faca.	Cultris Vagina.	Quútu quiá nbéli.	Quisu quiá pócu.
Baixar.	Deprimo, is.	Culúla.	Cuttululúca.
Balança.	Trutina, æ.	Ionghéle.	
Baléa.	Cetus, i.	Etéle.	
Balsaminho.	Balsamum, i.	Mabumbílu.	
Banco.	Scamnum, i.	Quiándu.	Q'uiálu.
Bandeira.	Vexillum, i.	Dínbu.	
Banquete.	Convivium, ii.	Esse.	

Portuguez.	Latim.	Conguéz.	Bundo.

B A

Portuguez.	Latim.	Conguéz.	Bundo.
Baptismo, aquelle que o recebe.	Qui accedit ad sacrum baptismi fontem.	Meána-múnga.	Móna-móngoa.
Barba.	Barba, æ.	Zéffu.	
Barbeiro.	Tonsor, oris.	Nsumúqui.	
Barrete.	Pileus, i.	Bánda.	Nbánda.
Barriga.	Venter, tris.	Vúmu.	Rivúmu, Mála.
Barriga de animaes.	Animalium venter.	Lucútu.	✠
Barro.	Argilla, æ.	Mutóto, Túma.	Mutótu, ✠.
Bastão.	Baculum, i.	Nuála.	Bangála.
Bastar.	Sufficio, is.	Fuána, Fanána.	
Bater.	Percutio, is.	Búnda, Búmba.	Cubúnda.
Baú.	Arca, æ.	Lucáta.	

B E

Portuguez.	Latim.	Conguéz.	Bundo.
Beber.	Bibo, is.	Núa.	Cunúa.
Beiços.	Labia, orum.	Bófi quiá núa.	
Beijar.	Osculor, aris.	Muquína.	Camuquína.
Beijo.	Osculum, Suavium, ii.	Nuquíni.	Muquíno.
Bemaventurado.	Beatus, Fortunatus, a, um.	Auta-anóte.	
Peneficio.	Munus, eris.	Eóte.	
Benzer.	Benedico, is.	Candaluíla.	

B I

Portuguez.	Latim.	Conguéz.	Bundo.
Bicho.	Vermis, is.	Nuíli.	

Por-

Portuguez.	Latim.	Conguez.	Bundo.

B O

Boca.	Os, oris.	Munúa.	— ✠
Bocas.	Ona, orum.	Minúa.	— ✠
Bom.	Bonus, a, um.	Eóte.	Q'uiambót.
Bordão.	Bacillus, Baculus, i.	Nbássa, Nuála.	Bangála.
Botão.	Globulus, i.	Imbi.	
Botar.	Ejicio, is.	Nungúna.	Cunungúna, Cutéchi.
Botar fóra.	Expello, is.	Cúla.	Cutacúla bucánca.

B R

Braça, medida.	Mensura, æ.	Lutáma.	
Braços do corpo.	Brachia, oram.	Cócu.	Mácu.
Branco.	Albus, a, um.	Viléle, Npénhi.	Mundéle.
Brear.	Pice linere.	Bannacána.	

B U

Buraco.	Foramen, is.	Evúndu.	Ricúnga.
Burro.	Asinus, i.	Bisác'i, Bisanfútu.	
Buscar.	Investigo, as.	Tómma.	

C A

Cabeça.	Caput, itis.	Ntú.	
Cabellos.	Capilli, orum.	Nsúqui.	
Cabrito.	Hædus, i.	Ncómbo.	H'ómbo.
Cada vez.	Quotiescamque.	Cada cúmba.	✠
Cadea, prizão.	Vincula, orum.	Sánma.	

Por-

Portuguez.	Latim.	Conguez.	Bundo.

C A

Portuguez.	Latim.	Conguez.	Bundo.
Cadea de ferro.	*Catena , a.*	Lubámbu.	*Libámbu.*
Cadeira.	*Sedile , is.*	Quinsólu , Quián-du.	*Q'uiálu.*
Cagar.	*Caco , as.*	Néma , Vámola.	*Cunéna.*
Cahida.	*Lapsus , ûs.*	Nbúa.	
Çahir.	*Cedo , is.*	Búa.	
Caixa.	*Capsa , Arca , a.*	Lucáta.	
Calar-se.	*Linguam continere.*	Buéna.	
Caldo.	*Jusculum , i.*	Musónghi.	*Musónghi , Nzón-ghi.*
Callos.	*Calla , orum.*	Esuéla.	
Calor.	*Ardor , oris.*	Mocóssa.	
Cama.	*Lectulus , i.*	Quiándu.	—
Camas.	*Lectuli , orum.*	Iándu.	—
Camara.	*Cella , a.*	Nzó.	*Inso.*
Caminhar.	*Ambulo , as.*	Diáta.	
Caminho.	*Via , a.*	Ngílla , Vacála.	*Ngílla.*
Campo.	*Ager , gri.*	Eúia , Nsézte.	
Cana de assucar.	*Arundo ex qua fit. Saccharum.*	Mússi.	*Muénqui.*
Canas ditas.	*Arundines , um.*	Míssi.	*Miénqui.*
Cantar.	*Cano , is.*	Cuinbíla.	✠
Cantiga.	*Versus , ûs.*	Macónga , Tómbu.	
Canto.	*Cantus , ûs.*	Nbíri.	✠

Portuguez.	Latim.	Conguez.	Bundo.

C A

Cão.	Canis , is.	Bónde.	
Cão pequeno.	Catulus , i.	Imboúa.	Caímbua.
Capar.	Emasculo , as.	Vucóla.	
Capella do olho.	Cilium , ii.	Dáu.	
Cara.	Vultus , ûs. Facies , ei.	Máta.	✠
Carcere.	Carcer , eris.	Sánma.	
Carga.	Sarcina , e.	Mutéte.	Mutéte.
Carne.	Caro , carnis.	Bisiaménga.	
Carpinteiro.	Materiarius , ii.	Nquuéte.	
Carrapato , bicho.	Ricinus , i.	Manháta.	
Carregar.	Onero , as.	Náta.	
Carvão.	Carbo , onis.	Macála.	Macálaq
Casca.	Cortex , icis.	Ecássu , Biéi.	
Casta , especie.	Genus , eris.	Nzá.	
Castigo.	Pœna , e.	Júmbu.	
Cauda , rabo de Galhinha.	Gallinæ cauda.	Súca xe Nsússo.	
Cauda , rabo de Peixe.	Cauda Piscis.	Sála , Nquíla xe Bíc'i.	✠ , Muquila riá Bíc'i.
Cavador.	Fossor , oris.	Vánc'i.	
Cavallo.	Equus , i.	Bisácc'i.	
Cavallo marinho.	Hippocampus , i.	Ngándo.	✠
Causa.	Causa , e.	Etúçu.	

Portuguez.	Latim.	Congüez.	Bunda.

C E

Cedo.	*Cito , Propediem.*	Assássu.	
Cento, *cem*	*Centum.*	Ncáma.	H'ámo.

C H

Chaga.	*Ulcus , eris.*	Nuá.	
Chegar.	*Advenio , is.*	Simúca.	
Cheirar mal.	*Male olere.*	Fimma.	
Chorar.	*Ploro , as.*	Díla.	
Chover.	*Pluo , is.*	Nóca.	Cunóca.
Christão.	*Christianus , a , um.*	Muncuíci.	

C I

Cinco, *ou* sinco.	*Quinque.*	Tánu.	*Tánu , Quitánu.*
Cinto.	*Cingulum , i.*	Ebúnda.	

C L

Claramente.	*Clare , Lucide.*	Vónzu.	
Claro.	*Clarus , a , um.*	Quibénzu.	—
Claros.	*Clari , e , a.*	Ibénzu.	—
Clemencia.	*Clementia , æ.*	Ch'iári.	Ch'iári.

C O

Cobertor.	*Stragulum , i.*	Cobeletóle.	*Cobeletóle.*
Coberta, *tampa.*	*Tegumen , inis.*	Fuquilílu.	
Cobrir.	*Tego , is. Operio , is.*	Fuquílla.	
Coçar.	*Scabo , is.*	Coánga.	*Cuása.*

Por-

Portuguez.	Latim.	Conguez.	Bundo.
Cola, castanha do Congo.	Castanea Congi.	Macásih.	Riquésu, Maquésu.
Colerico.	Biliosus, a, um.	Cásci, ou Cáchi.	H'óchi.
Colher frutos.	Carpo, is.	Cónga.	
Colhér de comer.	Cochlear, is.	Lutó.	
Colica.	Intestini morbus.	Npíchi.	
Começar.	Incipio, is.	Accíca, Valtlíca.	
Comestivel.	Edulis, e.	Ndía.	
Commodamente.	Commodo.	Fanána.	
Commungar.	Corpus Christi accipere.	Támbula Zámbi.	Cutámbula Zámbi.
Como.	Tanquam, velut.	Caciúna.	
Companheiro.	Socius, ii.	Abála.	
Companhia.	Conventus, ûs.	Locangélo, Luingálu.	
Comprar.	Emo, is.	Súnma.	Cussúmba.
Comprazer.	Complaceo, es.	Fióca.	
Comprido.	Longus, a, um.	Curidídi.	
Com tudo.	Tamen, tametsi.	Cádie.	
Conceder.	Concedo, is.	Canbuíssa.	Cuvuríssa.
Concertar.	Compono, is.	Lúdica.	
Concubína.	Focaria, e.	Palacáni.	
Conde.	Comes, itis.	Cucúllu.	Caccúlu, Cacúllu.
Condição.	Conditio, onis.	Icónco.	

Portuguez.	Latim.	Conguez.	Bundo.

C o

Portuguez.	Latim.	Conguez.	Bundo.
Confessar.	*Confiteor, eris.*	Fungúna.	
Confessor.	*Confessarius, ii.*	Muffunguísse.	—
Confessores.	*Confessarii, orum.*	Miffunguísse.	—
Congregação.	*Congregatio, onis.*	Locutacáno, Cutazeúsa.	
Congregar.	*Congrego, as.*	Cucíoa.	
Conhecer.	*Agnosco, is.*	Zá.	✠
Conquistar.	*Rationes domare.*	Báca.	✠
Conselho.	*Consilium, ii.*	Milónqui.	✠
Consentimento.	*Consensus, ûs.*	Viciquíli.	
Consentir.	*Acquiesco, scis.*	Vicíca.	
Considerar.	*Pondero, as.*	Banc'iquéssa.	
Contar.	*Numero, as.*	Tánga.	*Catánga.*
Contumacia.	*Pervicacia, æ.*	Scitamáto.	
Conversação.	*Colloquium, ii.*	Luquanbílu.	*Ocuanbéla, Máca.*
Conversar.	*Conversor, aris.*	Quanbíla.	*Cuambéla, Cutamása.*
Côr.	*Color, oris.*	Túse.	
Coração.	*Cor, ordis.*	Muc'íma.	*Mucc'íma.*
Cordas.	*Funus, nis.*	Misínga.	
Corno.	*Cornu, u.*	Npáca.	
Coroa.	*Diadema, atis.*	Npú.	*Pó, Npó.*
Coroar.	*Coronam imponere.*	Vica-npú.	*Cubáca·pó.*
Corpo.	*Corpus, cris.*	Eginítu.	

Portuguez.	Latim.	Congoez.	Bundo.

C O

Portuguez	Latim	Congoez	Bundo
Corpo morto.	Cadaver, eris.	Evímbu.	
Correr.	Curro, is.	Sámpula.	Cassámpula, Culánga.
Corrigir.	Corrigo, is.	Lónga.	✠ Culónga.
Corrupção.	Corruptio, onis.	Ola.	
Cortar.	Seco, as. Scindo, is.	Sénga.	
Cortesía.	Urbanitas, atis.	Fúca.	
Corvo, ave.	Corvus, i.	Gongolóngo.	Quilámbe-lámbe.
Costas.	Tergum, Dorsum, i.	Npácc'i.	Nbángi.
Costumar-se.	Assuesco, is.	Culuquiána.	
Cova.	Fovea, Fossa, æ.	Evúla.	
Coxa da perna.	Coxa, æ. Femur, oris.	Búcc'i.	
Coxear.	Claudico, as.	Tiringa.	
Coxo, Manco.	Claudus, a, um.	Nzuóli, Nzŭdi.	
Cozer.	Suo, is. Conruo, is.	Suíca.	
Cozer ao lume.	Coquo, is.	Lámba.	Calámba.
Cozinha.	Colina, æ.	Eólla.	

C R

Portuguez	Latim	Congoez	Bundo
Creado que serve.	Famulus, i.	Mubùngi.	Quibángi, Mubíca.
Crear do nada.	Crea, as.	Coéma.	
Crer.	Credo, is.	Cuiquína.	Cachiquína.
Crista de galinha.	Galline crista.	Maláffu ma Nsús-su.	

O

Portuguez	Latim	Conguez	Portuguez
Crista do gallo.	Galli crista.	Maláffuma.	
Cruelmente.	Crudeliter.	Bangúla. ii.	Quiabangúla.

C U

Cunhado.	Mariti, vel uxoris frater.	Nzáci.	
Curar.	Sanitatem reddere.		Culúca.
Cuspir.	Sputo, as.	Távula.	

D A

Da.	A. Ab. obs. ext.	Núwa.	
Dádiva.	Donum, i.	Sóndo, Sómmo.	
Dalli.	Illinc.	Enumboríha.	
Dançar.	Tripudio, as.	Quiníma.	Cugaína.
Da outra parte.	Istinc.	Esumborína.	
Dar.	Do, as. Largior, iris.	Vána.	Cubána.
Dar de mamar.	Lacto, as.	Cuéma.	Cumuamuéssa, Curíssa.

D E

De.	Hujus.	Cúna.	
Debulhar.	Fruges terere.	Sócca.	
Declaração.	Declaratio, onis.	Lutatúla.	Ocutatulúla, Ocucado.
Declarar.	Declaro, as.	Tatúla, Giguhíla	Cutatúlula, Cagiambulála.
Dedos.	Digiti, torum.	Milémo.	Milémbu.
Defensa.	Propugnatio, onis.	Luaniquícu.	

Portuguez.	Latina.	Congoez.	Pembaguia.
De graça.	Gratis. Cuia.	Matáhdo	
Deitar abaixo. ✠	Dejicio, is.	Lósá, Galósa. ✠	
Delicado.	Delicatus, a, um	Lembéma.	
Dentes.	Dens, vel tes., tium.	Ménu.	Máchu.
Dentro.	Intra, Iutus.	Néne. ✠	
Deos hum só.	Unus Deus.	Zánbi ampúngu.	Zámbi imóchi.
Depois.	Post, postea.	Cunansaquíla.	
Depositar.	Depono, is.	Váca.	Cubáca, Cubinda.
Derradeiro.	Ultimus, a, um.	Nsuquiníhi.	Quissacuríla.
Derramar.	Spargo, gis.	Mnamtóna.	Cuchamúna.
Derreter.	Liquefacio, is.	Quándula.	
Dez.	Decem.	Cúmä.	Cúnhi.
Desacreditar. ✠	Alicujus auctoritatem imminuere.	Cúbua\cuiquíza. ✠	
Desaforo.	Petulancia, æ.	Nfalúngi.	
Desapparecer.	Evanesco, scis.	Avisúca.	
Desatar.	Solvo, is.	Cutúla.	Cugiutúla.
Descer.	Descendo, is.	Culumúca.	Culumúca, Cutulúca.
Descobrir.	Patefacio, is.	Fucúla.	
Desconcertar.	Perturbo, as.	Vingóla.	
Desconfiar.	Diffido, is.	Catúla\lufútu.	
Desejar.	Opto, as. Cupio, is.	Zóla. ✠	Lubo.

Portugueza.	Latina.	Congueza.	Bunda.?

D E

Desejo.	Derelinquo, is.	Cuíca.	
Desamparar.	Desideróum, is.	Zoléle.	✠
Desfazer.	Destruo, is.	Bangúla, Quebráve.	
Deshonesto.	Fœdus, a, um.	Ussáfu.	
Desmaiar.	Deficio, is.	Lunonpócu.	
Desobrigar.	Obligationem dissolvere.	Catúla lutúmu.	Cucatúla lutúmu.
Despedir.	Dimitto, is.	Canína.	✠
Despir.	Exuo, is.	Véla.	Cítzúla.
Despregar.	Clavum avellere.	Catúla Sóaso.	Cucatúla Nsóaso.
Desprezo.	Aspernatio, nis.	Linghelequéle.	
Desquite.	Divortium, ii.	Tovóca, tulúca.	
Desta maneira.	Hujuscemodi.	Mánui.	✠
Desta parte.	Hinc.	Esumbuéri.	
Destruir.	Destruo, is.	Bangúla.	Cubangúla.
Determinação.	Fixum consilium.	Lucánu.	
Deos.	Deus, i.	Zámbi-ampúngu.	Zámbi.
Devoção.	Pietas, is.	Querotíma.	

D I

Dia.	Dies, ei.	Quilúmbu.	— ✠
Dias.	Dies, erum.	Ilúmbu.	— ✠
Diabo.	Diabolus, i.	Calianpénti.	Cariapémba.
Diarrhea.	Diarrhœa, æ.	Valumóna.	

Por

Portuguez.	Latim.	Congüez.	Bundo.

C O

Portuguez.	Latim.	Congüez.	Bundo.
Difficuldade.	Difficultas, atis.	Vatalaláilu.	
Digo.	Ego dico.	Voúle.	
Dilatar.	Dilato, as. Exten- do, is.	Tambúca.	
Diligencia.	Sedulitas, atis.	Quiacása.	
Direito.	Æquum, i.	Scingáma.	
Disciplina.	Flagellum, i.	Mussínga.	Muchínga.
Discordia.	Dissentio, nis.	Lassónsu, Sónsu.	
Dispensar.	Concedo, is. Do, as.	Vána, Cána.	Cubána, Cucudna.
Distancia.	Spatium, ii.	Vála, Tominíco.	
Diverso.	Dispar, aris.	Sosuátu.	
Dividir.	Distribuo, is.	Cána.	Cucuána.
Divorcio.	Discessio, onis.	Tovóca, Tulúca.	
Dizer.	Dico, is.	Voúa.	

D O

Portuguez.	Latim.	Congüez.	Bundo.
Dobrar.	Duplica, as.	Bundíca.	Cubungíca.
Doce.	Dulcis, Suavis, e.	Tome.	
Doença.	Morbus, i.	Bevu.	
Dormir.	Dormio, is.	Léca.	Cuséca, Cuzéca.

D U

Portuguez.	Latim.	Congüez.	Bundo.
Duque.	Dux, ucis.	Cucúllu.	Cacúllu, Cucúllu.
Duro.	Solidus, a, um.	Dita.	
Dúvida.	Ambiguitas, atis.	Filinpáca.	

Portuguez.	Latim.	Congez.	Bunda.

D

| Eclipse. | Solis et Lunæ defectio. | Lombóca. | |

E D

| Edificio. | Ædificium, ii. | Fúlagu. | Ntúngu, Onti-ga. |

E F

| Efficacia. | Efficacitas, atis. | Cángu. | |

E L

| Elefante. | Elephas, antis. | Nzáu. | Zámba. |

E M

Embaixador.	Legatu., i.	Tumuatumíni.	Cutuminíssa.
Embarcar.	In navem imponere.	Vuculúla.	
Embebedar-se.	Ebrium fieri.	Cóllua.	H'óllua acucuáta.
Emendar.	Corrigo, is. Emen-do, as.	Cuéla.	
Em hum instante.	In puncto temporis.	Tándu fióle.	
Em pé.	In uno pede stare)	Quitilénte.	
Em pés.	In pedibus.	Mantilénte.	Dcbran.
Emprestar.	Commodo, as.	Sómpa.	Cusséba.

E N

Encarnação.	Incarnatio, onis.	Luemítu.	Ocuimíta.
Encher.	Impleo, es.	Cadíssa.	
Encontrar.	Obvio, as.	Vuculúla.	
Enfermidade.	Morbus, i.	Musénge.	Dávida.

Portuguez.		Congolez.	
Enfiar.	Trajicere filum.	Sóma.	
Enforcar.	In furcam suspendere.	Chetéca.	
Enganar.	Decipio, is.	Lucúnu.	
Engulir.	Glutio, is. Devoro, as.	Mína.	Minha, Cuminha.
Ensinar.	Doceo, es.	Lónga.	Culénga.
Então.	Tunc.	Vútu.	
Entendimento.	Intellectus, ûs.	Quilúnzi.	Quilángi. —
Entendimentos.	Intellectus, uum.	Ilúnzi.	Ilángi. —
Enterrar.	Humo, as.	Gíca.	Cugica botçi, Cu funda.
Entranhas.	Viscera, erum.	Ndia, Molia.	Middia.
Entrar.	Ingredior, eris.	Cóta.	✠
Entre.	Inter.	Vanacaciánc'i.	
Entregar.	Trado, is.	Tambica, Tamica.	
Entreter.	Detineo, es.	Sála.	✠
Enxada.	Ligo, onis.	Nséngu.	✠

E R

Erva, Herva.	Herba, æ.	Búndu.	✠

E S

Escama de peixe.	Squama, æ.	Macuá.	
Escandalo.	Exemplum pravum.	Nganeámbi.	
Escaravelho.	Scarabeus, i.	Tútu.	

Portuguez.	Latim.	Conguica.	Bunda.

E S

Portuguez.	Latim.	Conguica.	Bunda.
Escolher.	*Eligo , is.*	Sóla.	*Cussóla.*
Esconder.	*Occulto , as.*	Suéca.	*Cussuéca.*
Escravo.	*Servus , i.*	Modi.	
Escrever.	*Scribo , is. Exaro , as.*	Sonéca.	*Cussonéca.*
Escrupulo.	*Scrupulus , i.*	Quituónga.	
Escudo.	*Clypeus , i.*	Ncúbo.	*Ngúbu.*
Escuro.	*Tenebrosus , a , um.*	Tómme.	
Escusar.	*Excuso , as.*	Vána mocálu-cá-lu.	
Espelho.	*Speculum , i.*	Talilúa.	
Esperar.	*Expecto , as.*	Vínga.	*Caquínga.*
Esperto.	*Alacer , cris , et cre.*	Quenbúca.	*Urimúca.*
Espia.	*Speculator , oris.*	Ncénque.	
Espingarda.	*Sclopus , i.*	Tampútu.	
Espinho.	*Spina , æ. Tribulus , i.*	Nzénne , Nzáco.	
Espirro.	*Sternutamentum , i.*	Nquéssa.	
Esplendor.	*Splendor , oris.*	Lnminícu.	
Esposa.	*Sponsa , æ.*	Esúmma.	
Esquecer.	*In oblivionem venire.*	Affuádia.	
Estar , existir.	*Existo , is.*	Cuicála.	*Cuicála , Cucála.*
Estatura.	*Statura , æ.*	Ncúlla.	

Portuguez.	Latim.	Conguez.	Bundo.

E S

Este, esta.	Hic, hæc, hoc. Is, ea, id.	Oyó.	Yó, Yogó.
Estender em terra.	Extendo, is.	Lavála, Lavalála.	
Estender-se.	Se conjicere.	Quicáta.	✠
Esteril.	Sterilis, e.	Scíta.	
Estimar.	Æstimo, as.	Senseméca.	
Estrella.	Stella, æ. Astrum, i.	Nbatéte.	Tetembúca.
Estreito.	Angustus, a, um.	Fitaquéne.	
Estudar.	Studeo, es.	Bánça.	Cubánça.
Estupido.	Stupidus, a, um.	Lávu.	

E T

| Eternamente. | Æternum. | Cóco ja cóco. | Cóco ne cóco. |

E V

| Eu. | Ego, mei. | Mónu. | |
| Evitar. | Caveo, es. | Quénga. | |

E X

Exemplo.	Exemplum, i.	Ngáne, lossánu.	
Exercicio.	Exercitatio, onis.	Sála-sála.	Quicalacaléle.
Exhalação.	Exhalatio, onis.	Onfénsu.	
Exhortar.	Adhortor, aris.	Cónga.	
Expirar, morrer.	Animam efflare.	Affua.	Cúffua.
Exprimir.	Exprimo, is.	Miníca, Miniquína.	

Por-

Portuguez.	Latim.	Bundez.	Bundo.

F A

Fabrica.	Fabrica, æ.	Túngu.	Ocutánga.
Fabricar.	Fabricor, aris.	Túnga.	Cutánga.
Faca.	Culter, tri.	Nbéli.	
Facilidade.	Facilitas, atis.	Enángu.	
Fallar.	Loquor, eris.	Voúa.	
Falso.	Falsus, a, um.	Luvónu.	
Faltar.	Desum, es.	Cánbua.	Cacámbi.
Fantasia.	Phantasia, æ.	Snoffe.	
Fava.	Faba, æ.	Ncánza.	
Favor.	Gratia, æ.	Luaquilílu, Nunn-gu.	
Favorecer.	Faveo, es.	Quaquilíla, qua-quíla.	
Fazer.	Facio, is.	Vánga.	Cubánga, Cubán-ca.

F E

Fé.	Fides, ei.	Cánca.	
Fedor.	Fætor, oris.	Nzúndi.	
Feijão.	Phaseolas, i.	Ncássa.	
Feira, mercado.	Nundinæ, arum.	Telamutéte.	
Fel.	Fel, ellis.	Dulunbísu.	
Ferir.	Vulnero, as.	Luéca.	
Ferreiro.	Ferrarius faber.	Gangúla.	Ngangúla.
Ferro.	Ferrum, i.	Tádi.	Quitári.

Por-

Portuguez.	Latina.	Gonghez.	

F E

| Fervente. | Fervens, tis. | Ila. | |
| Ferver. | Ferveo, es. | Nicúna. | |

F I

Ficar.	Maneo, es. Sedeo, es.	Sála.	Cachála.
Fidalgo.	Vir nobilis.	Moána-muéne. Nfúmu.	Muáne-muéne.
Figado.	Jecur, oris.		
Filho.	Filius, ii.	Moána.	Móna. —
Filhos.	Filii, iorum.	Ana.	Ana.
Finalmente.	Denique.		
Fingir.	Fingo, is. Simulo, as.	Víxica.	

F L

Florecer.	Floreo, es. Verno, as.	Tangúta.	
Flores.	Flores, um.	Vúma.	
—			
Fogão.	Focus, i.	Macúcu.	
Fogo.	Ignis, is.	Túbia.	Túbia.
Folgar.	Exulto, as. Lætor, aris.	Ríoa.	
Folhas.	Frondes, ium.	Macáia.	Maffu.
Fome.	Fames, is.	Nzála.	Nzála.

Por-

Portuguez.	Latim.	Conguez.	Bunda.

F O

Fonte.	Fons, ontis.	Scíma.	Scíma, ou, Chíma.
Formiga.	Formica, æ.	Nfúta.	✠
Fornicar.	Fornicor; aris.	Quinsúsa, taquinsúsa.	
Forte.]	Fortis, e. Valens, tis.	Gólo.	Quieélo.

F R

Fraco.	Debilis,e. Imbellis, e.	Tóntelo.	
Frecha.	Sagitta, æ.	Mochéle.	
Frigir.	Frigo, is.	Cánga.	Cucánga.
Frio.	Frigus, oris. Algór, oris.	Chióxi.	

F U

Fugir.	Fugio, is.	Cína.	
Fumegar.	Fumo, as.	Nua-fúmu.	Cunúa masénha.
Fumoso.	Fumosus, a, um.	Múcu.	
Fundo.	Fundus, i. Imum, i.	Vangibéne, Vángi.	
Funil.	Infundibulum, i.	Loquelélo.	
Furar.	Perforo, as.	Zécca.	
Furioso.	Furiosus, a, um.	Gánghi, Ngánc'i.	✠
Furtar.	Furor, aris. Surripio, is.	Quía.	
Furto.	Fursum, i.	Vídi.	
Fuzil, ou Fusil.	Igniarium, ii.	Bindúa.	

Portuguez.	Latim.	Conguez.	Bundo.

G A

Gado grosso.	*Armentum , i.*	Tualéxi.	
Bago,	*Balbus , e , um.*	Cueúma.	*Quicúma.*
Galantaria.	*Urbanitas , atis.*	Chembéssa.	
Galante.	*Elegans , tis.*	Chánmu.	
Gallinha.	*Gallina , e.*	Nsússu.	
Gallo.	*Gallus gallinaceus.*	Cóço.	✠
Gallo de India.	*Gallus Indus.*	Npillo.	
Ganhar.	*Lucror , aris.*	Bácca.	
Garfo.	*Uncus , i.*	Musóma.	
Garganta.	*Guttur , is.*	Eláca , Eriláca.	
Gastar.	*Consumo , expendo , is.*	Lalíssa.	
Gato.	*Felis , is.*	Búdi.	

G E

Gente , povos.	*Gens , tis. Natio , nis.*	Músa.	
Gentilidade.	*Gentilitas , atis.*	Sungúnga.	
Gentios.	*Cultores Idolorum.*	Nuídi.	
Geração.	*Generatio , onis.*	Enucíſu.	
Gerar.	*Genero , as. Gigno , is.*	Vúta , Túnga.	✳

G L

Gloria bemaventurada.	*Beatitudo , inis.*	Muquémbo.	—
Glorias.	*Gloria , arum.*	Miquémbo.	—

Portuguez.	Latim.	Conguez.	Bundo.
		G O	
Gordo.	Pinguis, Opimus, a, um.	Avúnga, vánga.	
Gordura.	Adeps, is. Pinguedo, inis.	Másci.	Másci, ou, Máchi.
Gostar.	Delector, aris.	Coeléca.	✠
Governador.	Gubernator, oris.	Nánga.	
Governar.	Guberno, as.	Lúdica.	
Gozar.	Fruor, eris. Potior, iris.	Nhequéta.	
		G R	
Graça.	Lepor, oris.	Muvínghi.	✠
Grande.	Magnus, a, um.	Anpuéna.	
Gritar.	Clamo, as.	Boca.	
Grito.	Clamor, oris.	Boquéle.	✠
		G U	
Guarda-roupa.	Vestispicus, i.	Nimaléca.	
Guerra.	Bellum, i.	Vita.	Ita.
		H A	
Habitação.	Habitatio, onis.	Ntúngu.	Ntúnga, Bibáta.
Habitar.	Habito, as.	Cuibla.	Cuicála, Cucála.
		H E	
Herança.	Hereditas, atis.	Vingána.	
Herdar.	Hereditatem adire.	Vingána.	
Herva.	Herba, æ.	Búndu.	✠

Portuguez.	Latim.	Conguez.	Bundo.

H

Historia.	Historia, æ.	Mussámu.	Mussámu.

O

Hoje, neste dia.	Hodie, hodierno die.	Unu.	
Hombros.	Humeri, orum.	Mabémbua.	
Homem.	Homo, inis.	Eiacála.	Riála.
Honrar.	Honoro, as. Colo, h.	Gitíssa.	
Hontem, nesta noite.	Heri.	Esóno.	
Hora.	Hora, æ.	Cúmbu.	Cúmbi.

HU

Hum.	Unus, a, um.	Móchi.	Móchi.
Huma vez.	Semel.	Cúmbu móchi.	H'úmbu móchi.
Humildade.	Humilitas, atis.	Lenúu.	

JA

Janella.	Fenestra, æ.	Janélla.	Janélla.
Jantar.	Prandium, i.	Diá, Riá.	Ocúria.

ID

Idolo.	Simulacrum falsi nu- minis.	Itéque, Téque.	Quitéque.

JE

Jejuar.	Jejune, as.	Jejuár.	Jejuár.

IG

Igreja.	Templum, i.	Nzoóxi.	

Portuguez.	Latim.	Conguez.	Landa.

I L

Ilha.	Insula, æ.	Nzádi.	
Illuminar.	Illumino, as.	Minica.	Cumíca.

I M

Imagem.	Imago, inis.	Ielequesóa.	
Imitação.	Exemplum, i.]	Lánda.	
Imitar.	Imitor, aris.	Lánda.	
Immortal.	Immortalis, e.	Cóco ja cóco.	Cócs ia cóco, Cófa rínqui.
Immundicia.	Sordes, ium. Spurcities, ei.	Víndu.	Víndu.
Impedimento.	Impedimentum, i.	Lovungilu.	Ocubungics.
Impedir.	Impedio, is.	Vungíla.	Cabungica.
Impotente.	Debilis, e.	Canbua-léndu.	Quinbánda.
Imprimir.	Imprimo, is.	Túla.	✠

I N

Inchar.	Tumeo, es.	Vínba.	Cugimbe.
Incredulo.	Incredulus, a, um.	Cánbua cuiquina.	Ocucámpe o cachiquina.
Infamar.	Infamo, as.	Leucúla, Levúla.	Culebúla.
Infamia.	Dedecus, oris.	Nfalúngi.	
Infiel.	Infidus, a, um.	Cánbua-cápca.	Ocucámpi o Fé.
Infinito.	Infinitus, a, um.	Quequissúqui.	
Ingratidão.	Beneficii accepti oblivio.	Ntocósci.	

Portuguez.	Latim.	Conguez.	Bundo.

I N

Inimigo.	Inimicus, i.	Nbéni.	
Injuriar.	Convicior, aris.	Levila.	Culebula.
Instancia.	Contentio, onis.	Taminicu.	
Instruir.	Instruo. Erudio, is.	Lónga.	Calónga.
Intelligencia.	Intelligentia, æ.	Súnga-súnga.	✠
Intenção.	Animus, i. Mens, tis.	Npítu.	
Interessar.	Suis bonis consulere.	Vicilila.	
Interpretar.	Explano, as.	Bánça.	✠
Intimar.	Intimo, as.	Zaissa.	
Invenção.	Inventum, i.	Cónga.	
Invocar.	Invoco. Imploro, as.	Sánba.	✠

J O

Joelhos.	Genaa, uum.	Maungúnu.	
Jogar.	Ludo, is.	Tauári.	
Jogo.	Ludus, i.	Oádi.	

I R

Irmão.	Frater, tris.	Npánghi.	Panch'i, Pánq'ai.
Irreverencia.	Irreverentia, æ.	Cámbua gitu.	Ocucámbi-Ugítu.

J U

Juizo.	Mens, tis. Judicium, ii.	Lúngi.	Quilángi.
Julgar.	Judico, as. Censeo, es.	Taíla.	

Portuguez.	Latim.	Conguez.	Bunda.

J U

Portuguez.	Latim.	Conguez.	Bunda.
Jurisdicção.	Jurisdictio, nis.	Lulénda.	
Justamente.	Juste, Jure; Mérito.	Ludi.	
Justo, igual.	Justus, a, um. Par, aris.	Fanána.	

L A

Portuguez.	Latim.	Conguez.	Bunda.
Ladrão.	Latro. Prædo, onis.	Moíni.	Muí.
Lagrimas.	Lacrime, arum.	Mazánga.	
Lagrimejar.	Lacrymæ, as.	Díla; Váca; Mázánga.	
Lamentar-se.	Conqueror, eris.	Vápa-sánba.	
Lançar fóra.	Ejicio, is.	Lósa.	
Largo.	Latus, a, um.	Tambúca.	
Lastima.	Commiseratio, onis.	Sucamóio.	
Lavar.	Lavo, as. Abluo, is.	Succúla.	Cussucúla.

L E

Portuguez.	Latim.	Conguez.	Bunda.
Leão.	Leo, onis.	Ncósci.	H'óg.
Legitimo.	Legitimus, a, um.	Oalúdi.	
Lei, Ordenação.	Lex, Legis.	Milónghi.	
Leite.	Lac, actis.	Meúma.	Muámua.
Lenço.	Linteolum, i.	Lenço.	Rilénço.
Lenho, madeiro.	Lignum, i.	Lucúni.	—
Lenhos, madeiros.	Ligna, orum.	Ncúni.	—
Ler.	Lego, is.	Tánga.	Cutánga.
Levantar-se.	Erigere se.	Teléma.	

Por

Portuguez.	Latim.	Conguez.	Bundo.

AL

Liberdade.	Libertas, atis.	Luisadídu.	
Licença.	Licentia, Venia, æ.	Msué.	
Licitamente.	Honestè. Justè.	Fanéne.	
Limão.	Malum citreum.	Marimão.	Rimão, Marimão.
Limpo.	Mundus, a, um.	Cussúca.	✠
Lingua.	Lingua, æ.	Ludimi.	Rírimi.
Litigar.	Litigo, as. Contéhdo, is.	Sónaa.	
Livrar.	Libero, as.	Gánga.	

LO

Lobo.	Lupus, i.	Luigúnbua.	Quibúnga.
Longe.	Longe, Procul.	Vóla.	
Louvar.	Laudo, as. Celebro, as.	Tónda.	Catónda.
Louvor.	Laus, dis.	Massaquilfu.	

LU

Lua.	Luna, æ.	Gónde.	
Lugar.	Locus, i.	Nfúlu.	✠
Lume.	Lumen, inis.	Luminifu.	Ocamica.
Luxuria.	Luxuria, do, nis.	Quinsúsau.	
Luxurioso.	Libidinosus, a, um.	Nsúsu.	
Luzente.	Lucidas, a, um.	Luminícu.	Quimíca.

Portuguez.	Latim.	Conguez.	Bunda.

M A

Portuguez.	Latim.	Conguez.	Bunda.
Machado.	Securis, is.	Luáchi.	
Magro.	Matilentus, a, um.	Tánna.	
Maior.	Major, oris.	Rivirdisangáma.	
Mais.	Magis, plus, amplius.	Diáca.	
Mais, ou menos.	Plus minusve.	Cuatuchícha tucataléto.	
Maltratar.	Lædo, is. Malo afficere.	Vangavúi.	
Mama.	Mamma, æ. Uber, eris.	Iéne.	Riéle, ——
Mamas.	Mumme, arum.	Maiéne.	Méle. ——
Maneira, modo.	Modus, i.	Muánu.	✥
Manifestar.	Manifesto, as.	Sónga.	✥
Manifesto.	Evidens, tis.	Songhéle.	✥
Manto.	Pella, æ.	Canpa.	
Mão.	Manus, us.	Cuáco.	Lucáco.
Mar.	Mare, is.	Mú.	
Marido.	Maritus, i.	Lúmi.	Munámi.
Mas, porém.	Sed. Verum.	Cángi.	
Mata, bosque.	Saltus, us.	Nfúnda.	
Matar.	Occido, is. Neco, as.	Vónda, Lósa.	Cúldsa.

M E

Portuguez.	Latim.	Conguez.	Bunda.
Medicina.	Medicina, æ.	Longhiána.	
Medida.	Mensura, æ.	Masóngo.	Muólnga.

Portuguez.	Latim.	Conguez.	Bundo.
		M E	
Meio.	Medius, a, um.	Caciánc'i.	Cachás, Cáchi.
Mel.	Mel, ellis.	Uíqui.	Uíqui, guiqui.
Melancolia.	Atrabilis, Malan-cholia, æ.	Cachi, cásci.	✠
Melhor.	Præstantior, ius, oris.	Anbóte.	Anbót.
Memoria.	Memoria, æ.	Súnga-súnga.	✠
Menino.	Infans, tis.	Muléque.	Muléque. —
Meninos.	Infantes, ium.	Aléque.	Aléque. —
Menos.	Minus.	Luélu.	✠
Mentira.	Mendacium, ii.	Lucúnc'i, Lucúnu.	
Mercador.	Mercator, oris.	Tamúte.	
Mercar.	Mercor, aris.	Súmma.	Cussúmba.
Mesmo.	Idem, eadem, idem.	Béne.	
Mestre.	Magister, i.	Ndónghi.	Ndonguíxi.
		M I	
Mil.	Mille.	Luculági.	Mulucági.
Milho, genero de grão.	Milium, ii.	Mídi.	Mássa.
Minha; Minhas.	Meus, a, um.	Miáme, Máme.	Q'uiámi, Iámi.
Minimo.	Minimus, a, um.	Lecléc.	
Ministro.	Magistratus, us.	Nciluflu.	
Miolo.	Medulla, æ. Cere-brum, i.	Onguántu.	

Portuguez.	Latim.	Conguez.	Bunda.

M O

Portuguez.	Latim.	Conguez.	Bunda.
Mó de moinho.	*Molaris , is.*	Lebéna.	
Moça, ou Mossa.	*Puella , œ.*	Molécca.	*Molécca.*
Mocidade.	*Adolescentia , æ.*	Ncúla.	
Moço, Rapaz.	*Adolesentulus , i.*	Moléque.	*Moléque.*
Modo, maneira.	*Ratio , nis. Modus , i.*	Muánu.	✠
Moeda.	*Moneta , æ.*	Nzímmu, Zímbu.	*Zímbu , Quitári.*
Mofar.	*Derideo , es.*	Vingacéce , Nucánzue.	
Molestia.	*Molestia , æ.*	Mafuquéssa.	
Molhar.	*Madefacio ; is.*	Bondáma.	
Molher.	*Mulier , eris.*	Quénzu.	
Momento.	*Temporis momentum , i.*	Tánno.	
Monte.	*Mons , ontis.*	Móngo.	
Mortal.	*Mortalis , e.*	Riampóndi.	—
Mortaes.	*Mortales , inm.*	Mampóndi.	—
Morte.	*Mors , ortis.*	Mafúa, Fúa.	
Mosca.	*Musca , æ.*	Nsúmi.	

M U

Portuguez.	Latim.	Conguez.	Bunda.
Muito.	*Multum , Plusbum.*	Ainghia.	
Mundo.	*Musdus ,*	Nza.	
Musica.	*Musica*	Mutunga-túnga.	✠

Portuguez.	Latim.	Conguez.	Bundo.

N A

Portuguez.	Latim.	Conguez.	Bundo.
Na, nas.	In, De.	Múna, Cúna.	Mú, Cú, Bú.
Nadar.	Nato, as.	Ngúnga.	✠
Nascer.	Nascor, eris.	Vúta.	
Nascer as sementes.	Orior, eris.	Amána.	✠

N E

Portuguez.	Latim.	Conguez.	Bundo.
Necessidade.	Necessitas, atis.	Mumpáci.	—
Necessidades.	Necessitates, um.	Mimpáci.	—
Negar.	Nego, as. Inficior, aris.	Mánga.	
Neta.	Neptis, is.	Tecúlu.	Malaúlu.
Neto.	Nepos, otis.	Tecúlu.	Malaúlu.

N O

Portuguez.	Latim.	Conguez.	Bundo.
No, nos.	In, Sub.	Múna, Cúna.	Mú, Cú, Bú.
Nomear.	Nomino, as.	Veco, Sungúla.	
Nos.	Nes, nostrum.	Ieta.	Guétua, jiétu.
Noticia.	Notitia, æ. Cognitio, onis.	Nsángu.	

O B

Portuguez.	Latim.	Conguez.	Bundo.
Obedecer.	Obedio, is. Pareo, es.	Lendóca.	
Obedeço.	Ego obedio.	Lenduquíli.	
Obediencia.	Obedientia, æ.	Lulendúcu.	
Obra.	Opus, eris.	Mofúnu.	Quifúnu.
Obras.	Opera, um.	Mifúnu.	— ✠

Por-

Portuguez.	Latim.	Conguez.	Bundo.

O B

Obrigação.	Obligatio, onis.	Lutúmu.	Lutúmu, Quitáma Mubica.
Obrigar.	Obligo, as.	Carráca.	
Obstinação.	Obstinatio, onis.	Nangaméso.	

O C

Occasião.	Occasio, onis. An-sa, æ.	Etúcu.	
Occulto.	Occultus, a, um.	Nfúndu.	

O D

Odio.	Odium, ii.	Nguémi, Munquénte.	Ngúma, Lima.

O F

Offender a Deos.	Deum offendere.	Sumúca Zámbi.	Calebúla Zámbi.
Offerecer.	Offero, ers, Exhibeo, es.	Vána.	Cubána, Calumbíla.

O L

Olhar, ver.	Aspicio, is. Video, es.	Móna, Téla.	Camóna, Cutála.
Olho.	Oculus, i.	Díssu.	Ríssu.
Olhos.	Oculi, orum.	Méssu.	Méssu.

O N

Onde.	Ubi.	Cuévi.	Cuévi, cuébi.
Onde vas?	Quo abis?	Cu cuévi.	Ai cuévi.
Ontem.	Heri; Hesterna die.	Esóno.	

Portuguez.	Latim.	Conguez.	Bundo.

O R

Portuguez.	Latim.	Conguez.	Bundo.
Oração.	Precatio, onis.	Sánba.	Mussámbo.
Ordenação.	Edictum, i.	Lúdicu.	
Ordenar.	Ordino, as. Impero, as.	Lúdica.	
Orelha.	Auricula, æ.	Cútu.	Rítui.
Orelhas.	Auriculæ, arum.	Mátu.	Métui.
Ornar.	Orno, as. Illustro, as.	Quetúla.	
Orvalho.	Ros, oris.	Elóva.	

O S

Portuguez.	Latim.	Conguez.	Bundo.
Ossos.	Os, ossis. Ossa, am.	Vísci.	

O V

Portuguez.	Latim.	Conguez.	Bundo.
Ovelha.	Ovis, is.	Eméme.	
Ouço.	Ego audio.	Unguiri.	
Outro, outra.	Alter, era; erum.	Oáca.	Uomucé, ou, Uomuqué.

O X

Portuguez.	Latim.	Conguez.	Bundo.
Oxalá.	Utinam.	Engua.	

P A

Portuguez.	Latim.	Conguez.	Bundo.
Paciencia.	Patientia, æ.	Luvirílu.	
Padecente.	Patiens, entis. Sons, tis.	Luidirílu.	
Pagar.	Solvo, is.	Fíta, Fúta.	Cuffúta.
Pai.	Pater, tris.	Esse.	—
Pais.	Patres, trum.	Másse.	—

Ff

Portuguez.	Latim.	Conguez.	Bunda.

Palavra.	*Verbum*, *i. Vocabulum*, *i.*	Diánbu.	
Palha.	*Stipula. Palea*, *æ.*	Nhánga.	Quiánco.
Palmatoada.	*Ferula ictus.*	Báva.	
Palmeira.	*Palma*, *æ.*	Eia.	Riá.
Palmeiras.	*Palmæ*, *arum.*	Mála.	Máie. ——
Palmo.	*Palmus*, *i.*	Lutáma.	
Palpebra , cappella do olho.	*Cilium*, *ii.*	Dáu.	
Páo.	*Lignum*, *i.*	Túnga.	Ntánga.
Páo de milho.	*Panis miliaris.*	Nfúndi	Nfúndi, Nfángi.
Papel.	*Popyrum*, *i.*	Papél.	Papél, Mucánda.
Papo.	*Guttur*, *uris.*	Nfínghi.	
Papo de Gallinha.	*Gallinæ guttur.*	Nfínghi Ansúsu.	
Paraiso.	*Beatorúm sedes.*	Muquénbu.	
Pareas de mulher parida.	*Secundæ*, *arum.*	Quénda.	✠
Parede.	*Paries*, *etis.*	Iáca.	
Parente.	*Consanguineus*, *a*, *um.*	Vútu.	
Parir.	*Pario*, *is. Partum edere.*	Uta.	
Passar.	*Transeo*, *is.*	Tióca, Ita.	Cubita.
Passar o rio.	*Flumen transire.*	Sáuca, Lutá.	
Passaro.	*Avis*, *is.*	Núni.	

Portuguez.	Latim.	Conguez.	Bundo.

P A

Passear.	*Anbulo*, *as. Spatior*, *aris.*	Cangóla.]	
Paz.	*Pax*, *acis.*	Ongo.	✠

P E

Pé.	*Pes*, *edis.*	Cúlu.	
Pés.	*Pedes*, *um.*	Málu.	
Peça de artilheria,	*Tormentum bellicum.*	Maténda.	*Riténda*, *Maténda·*
Peccado.	*Peccatum*, *i. Culpa*, *e.*	Risúmu.	—
Peccados.	*Peccata*, *torum.*	Masúmu.	—
Peccador.	*Peccator*, *oris.*	Musumúqui.	—
Peccadores.	*Peccatores*, *um.*	Misumúqui.	—
Peccar.	*Delinquo*, *is. Pecco*, *as.*	Sumúca.	
Pedaço, trapo.	*Particula*, *e. Pars*, *artis.*	Témme.	
Pedir.	*Postulo*, *as. Peto*, *is.*	Vínga.	*Cubinca.*
Pedra.	*Lapis*, *idis.*	Etádi.	*Ritári.*
Pedras.	*Lapides*, *dum.*	Matádi.	*Matári.*
Peito.	*Pectus*, *toris.*	Mueúma.	✠
Pelejar.	*Pugno*, *as.*	Tána.	
Pelle.	*Cutis*, *is. Corium*, *ii.*	Mucánda.	✠
Pelo contrario.	*Secus. Aliter.*	Sassusuánu.	
Pellos.	*Pili*, *orum.*	Míca.	✠

Por-

Portuguez.	Latím.	Conguez.	Bunda.

Portuguez.	Latím.	Conguez.	Bunda.
Penna dos passaros.	Pluma, æ.	Lussála.	Quisála.
Pena, castigo.	Pena, æ. Supplicium, i.	Túnbu.	
Pensar.	Cogito, as.	Banciquéssa.	
Pente.	Pecten, inis.	Sánu.	
Perdão.	Remissio, onis.	Lulóco.	Oculolóca; Quissámbo.
Perder.	Perdo, is. Amitto, is.	Scínba cána, Auíla.	
Perdoar.	Parco, is.	Lolóca.	Culolóca.
Perfeição.	Absolutio. Perfectio, nis.	Luscinpúcu.	
Perguntar.	Interrogo, as.	Cuivíla.	Cuibúle.
Perigo.	Periculum, i.	Lúngu.	✠
Perna.	Crus, uris.	Nfiangómme.	
Perseverança.	Perseverantia, æ.	Diquicíla.	
Perseverar.	Persevero, as.	Quicíla.	
Perto.	Prope.	Vacúffi.	
Pescador.	Piscator, oris.	Mloúi.	
Pescar.	Piscor, aris.	Lóa.	Culóa.
Pescoço.	Collum, i.	Gíngu.	Chíngu.
Pessimo.	Nequissimus, a, um.	Ví.	
Petição.	Petitio. Postulatio, onis.	Mubíngu.	Mubínga. —

Portuguez.	Latim.	Conguez.	Bundó.

P E

Portuguez.	Latim.	Conguez.	Bundó.
Petições.	Petitiones, um.	Mibíngu.	Miblaga.
Petitorio.	Postulatum, i.	Quinbénbo.	
Pez.	Pix, icis.	Cocóto.	

P I

Picar.	Pango, is.	Nsúca.	
Piedoso.	Pius, Religiosus, a, um.	Ch'iári.	Ch'iári, Múca H'énda.
Pilão.	Pistillum, i.	Msú.	
Pintura.	Pictura, æ.	Nsóno.	
Piolho.	Pediculus, i.	Ná.	Ná, Jiné.

P L

Plantar.	Planto, as. Inséro, is.	Tuíca.	

P O

Pó.	Pulvis, eris.	Mutéto.	Mutéto.
Pobre.	Pauper, is. Inops, is.	Npútu.	
Poder.	Potestas, atis.	Lénda.	
Poderoso.	Potens, tis.	Muléndi.	—
Poderosos.	Potentes, ium.	Miléndi.	—
Podre.	Putris, e.	Aóla.	
Ponte.	Pons, ontis.	Musónza.	
Pòr.	Pono, is. Colloco, as.	Vácca.	Cubáca.
Porco.	Porcus, i. Sus, nis.	Ngúlu.	Ngúlu.

Por-

Portuguez.	Latim.	Conguez.	Bundo.

P O

Portuguez.	Latim.	Conguez.	Bundo.
Porém.	Cæterum. Sed.	Cáagi.	
Porque.	Cur? Quare? Quia.	Anquívo.	
Porta.	Porta , æ. Janua , æ.	Evítu.	Rivítu.
Porta aberta.	Janua reserata.	Evitu moáu.	Rivítu agicúla.
Porto.	Portus , ûs.	Ezenzéló, Lúa.	✠
Possivel.	Possibilis , e.	Vatalálu.	
Pouco.	Paucus , a , um.	Luélu.	✠

P R

Portuguez.	Latim.	Conguez.	Bundo.
Praça.	Forum , i.	Nbásai.	
Praticar.	Fabulor , aris.	Culuquiána.	
Preceito.	Præceptum , i.	Lutúmu.	Quitúmu , Quigil-la.
Prégar.	Concionór , aris.	Pregár.	
Pregar com pregos.	Figo , is. Affigo , is.	Cóma.	
Prego.	Clavus , i.	Sónzo.	
Preguiça , ou Pri-guiça.	Pigritia , æ.	Viúze.	
Premio.	Premium , ii.	Sónmo.	
Prender.	Capio , is.	Vúca.	
Presença.	Presentia , æ.	Culússe, Lússe.	✠
Presente , dadiva.	Donum , i. Munus , eris.	Sóndo, Sónmo.	
Primo.	Patruelis frater.	Moancásci.	
Principalmente.	Maxime. Precipue.	Iavasavéle.	

Por-

Portuguez.	Latim.	Conguez.	Bunde.

P R

Principio.	Principium , Initium , ii.	Eiándu.	
Privar.	Orbo , Privo , as.	Tumnúca.	
Precurar.	Quæro , is.	Quacáma.	
Pronto.	Celer , ere,	Sungúngu ; Suánígu.	
Provar.	Probo , as.	Coeléca.	
Proveito.	Lucrum , i.	Nsúcu.	
Provisão.	Penus , ûs.	Ncútu.	Ncútu , H'átu.
Prudente.	Prudens , tis.	Lungalálu.	
Publicamente.	Palam. Publice.	Ntumuíla.	
Publicar.	Divulgo , as.	Iamúna.	
Pulga.	Pulex , icis.	Ncúmu.	
Pureza.	Munditia , e.	Cucussúcu.	✠
Purgar.	Purgo , as.	Cussúca.	✠

Q U A

Qual.	Quis , vel qui , que , qual.	Náhi.	Náhi. Qué.
Quando.	Quando. Cum.	Quiatánau.	
Quanto.	Quo. Quanto. Quam.	Iquá.	

Q U E

Que.	Qui , que , quod.	Q'uiáma.	✠
Quebrar.	Frango , is.	Nhocóta, Budíca.	Cuburíca.

Portuguez.	Latim.	Conguez.	Bundo.

Q U E

Queimar.	*Cremo , as. Incendo , is.*	Vica. Léma.	
Queixa.	*Conquestio , onis.*	Lusánba.	✠
Queixar-se.	*De aliqua conqueri.*	Sánba.	✠
Querer.	*Volo , vis. Amo , as.*	Zóla.	✠ , *Cuzóla.*
Quero.	*Ego volo , amo.*	Zoléle.	*Ngazóla , Ngandála.*

Q U I

| Quintal. | *Septum , i. Septa , e.* | Lúnbu. | Culúmbu. |

R A

Rabo.	*Cauda , e.*	Nqníla.	*Muquila.*
Rainha.	*Regina , e.*	Muchinúa Nquéntu.	
Raio, *ou* Rayo.	*Fulmen , nis.*	Lossemónzu.	
Raiz.	*Radix , icis.*	Muíchi. Muánc'i.	*Ndánc'i.*
Raizes.	*Radices , cum.*	Miánci.	*Jindánc'i.*
Ramo de arvore.	*Ramus , i.*	Lulála.	

R A

Rapar a cabeça.	*Abrado , is.*	Túla.	✠
Rato , *animal.*	*Mus , uris.*	Ecrúi.	
Razão.	*Ratio , nis.*	Queléia.	

R E

| Receber. | *Recipio , is.* | Támbula. | *Cutámbula.* |
| Reclamar. | *Reclamo , as.* | Bóca. | |

Portuguez.	Latim.	Conguez.	Bundo.
		R E	
Recommendar.	Commendo, as.	Coequéca.	
Recusar, negar.	Recuso, as.	Mánga.	
Rede.	Rete, is.	Ecúnde. Ericúnde.	
Redondo.	Rotundus, a, um.	Scingalaquéssa.	
Referir.	Narro, as. Recenseo, es.	Scingúla. Laisa.	
Reformado.	Emendatus, a, um.	Tummúqui.	
Rego.	Sulcus, i.	Mocála.	
Regra.	Regula, Norma, æ.	Dónghi, Cóngo.	Dúnghi; ✠
Rei.	Rex, gis.	Muchíno, Mucínu.	Muchínu.
Relatar.	Narro, as. Refero, ers.	Laísa, Scingúla.	
Remar.	Remigo, as.	Vúna.	
Remendar.	Resarcio, is.	Díma.	
Renda annual.	Reditus. Proventus, ûs.	Ngénda, Ialaquémba.	
Repicar.	Cymbala pulsare.	Sósa.	
Repouso.	Requies, etis.	Lupnámu.	
Representar.	Depingo, is. Exprimo, is.	Sónga.	
Resgate.	Redemptio, onis.	Bónda.	
Resistir.	Resisto, is.	Chiquíla.	✠
Resolução.	Consilium. Propositum, i.	Lugadícu.	
Respeito.	Cultus, ûs. Honor, oris.	Ebíſu.	

Portuguez.	Latim.	Conguez.	Bunda.

R E

Responder.	*Respondeo*, *es.*	Vutúca.	✠
Restituir.	*Reddo. Repono*, *is.*	Vutúca.	Cavuhíta.
Resurgir.	*Resurgo. Revivisco*, *is.*	Catumúca.	
Reverencia.	*Reverentja*, *æ.*	Egitáma.	
Rezar.	*Recito*, *as.*	Sánba.	Cussámba.

R I

Rico.	*Dives*, *tis.*	Vuáma.	
Ricos.	*Divites*, *tam.*	Nuáma.	
Rio.	*Fluvius*, *ii. Flumen*, *inis.*	Mucóco.	
Riqueza.	*Divitiæ. Copiæ*, *arum.*	Vuáma.	
Rir.	*Rideo*, *es.*	Séva.	

R O

Rogar.	*Obsecro*, *as.*	Gundeléla.	
Roncar dormindo.	*Sterto*, *is.*	Curracóna.	
Rosto.	*Vultus*, *us. Facies*, *ei.*	Lússu.	

R U

Rua.	*Via*, *æ.*	Mibacála.	—
Ruas.	*Viæ*, *arum.*	Mibacála.	—
Rumor.	*Fama*, *æ. Rumor*, *oris.*	Cússu.	
Rustico.	*Rusticus*, *a*, *um.*	Nuáta.	

Portuguez.	Latino.	Conguez.	Bunda.

S A

Portuguez.	Latino.	Conguez.	Bunda.
Sacramento.	Sacramentum , i.	Riôte.	—
Sacramentos.	Sacramenta , orum.	Maóte.	—
Sacco.	Saccus, i.	Ncútu , Díla.	
Sahir.	Egredior, eris. Exeo, is.	Vaíca.	
Salvar.	Salute , as.	Lúnda.	✠
Sangrar.	Venam incidens.	Sumúca.	
Sangue.	Sanguis , nis.	Ménga.	Manhinga , ou Manhinca.
Sarar.	Sano , as.	Ielóca.	Culúca.
Sarna, doença.	Scabies , ei.	Zimpclle.	
Saudar.	Salute , as.	Lánda.	✠

S C

Portuguez.	Latino.	Conguez.	Bunda.
Sciencia.	Scientia. Doctrina , e.	Nzáie.	

S E

Portuguez.	Latino.	Conguez.	Bunda.
Seccar.	Sicco , as. Arefacio , is.	Gína.	✠
Secco.	Siccus. Aridus , a , um.	Ióma.	
Secreto.	Secretus , a , um.	Nfúndu.	
Sede.	Sitis , is.	Foíla.	
Seguir.	Sequor , eris.	Lánda.	
Semana.	Hebdomas , adis.	Mocandícu.	
Semear.	Sero , is. Semino, as.	Cúna.	Cucúna.

Por-

S E

Portuguez.	Latim.	Conguez.	Bunda.
Semelhante.	Similis. Consimilis, e.	Fanána.	Quiriffangána.
Sempre.	Semper, Perpetuo.	Meneamene.	
Senhor de terras.	Dominus, i.	Nfúmu.	
Sentença.	Sententia, e.	Ntaílu.	
Sentenciar.	Judico, as.	Taíla.	
Sepultura.	Sepultura, te.	Mocáfa, Evófu.	
Sérea.	Siren, enis.	Chímbi.	
Serra.	Mons, tis.	Sangaméne.	
Serra, instrumento.	Serra, e.	Quacássa.	

S I

Significar.	Significo, as.	Sinsaquéssa.	
Sinal.	Signum, i.	Quicínsu.	—
Sinaes.	Signa, orum.	Icínsu.	—
Singular.	Singularis, e.	Npandóla.	

S O

Soberbo.	Superbus, a; um.	Ganc'i.	Ngánc'i.
Sobrancelha.	Supercilium, ii.	Nséssa Méssu.	Malolóndo ma Méssu.
Sobre.	Supra. Super.	Lucivídi, Vantánnu.	Cuttándu.
Sobrinho.	Filius fratris, vel sororis.	Guriancác'i, Encáca.	
Soffrer.	Tolero, as.	Virfla.	

Portuguez.	Latim.	Conguez.	Bundo.

S O

Sogro.	Socerus, i. Socrus, ús.	Có.	
Sol.	Sol, olis.	Ntángua, Moíni.	
Solemnidade.	Solemnitas, atis.	Moquínga.	✠
Solicitar.	Solicito, Incito, as.	Zampóla.	
Soluço.	Singultus, ûs.	Chicúla.	
Sombra.	Umbra, e.	Quíni.	
Sómente.	Solum. Tantum,	Cáca. Tócca.	
Soprar, ou Assopiar.	Spiro, as.	Moéla.	
Sordidez, torpeza.	Turpitudo, inis.	Ndíndu.	Vindu.
Sordido.	Sordidus, a, um.	Númu.	
Sorvo.	Sorbitio, onis.	Neúdi.	

S U

Suar.	Sudo, as.	Zuílla.	
Sulco v. Rego.	Sulcus, i.	Mocála.	
Suor.	Sudor, oris.	Ezuílla.	
Supplicar.	Supplico. Obsecro, as.	Vínga.	Cubínca.

T A

Tabaco.	Tabacum, i.	Tabaco, fumu.	Fúmu. Macánha.
Taboa.	Tabula, e.	Tabula, Dibaia.	Ribáia.
Taboas.	Tabulæ, arum.	Mabáia.	Mabáia.
Tapar.	Occludo, is. Obturo, as.	Cáca, Caquiúa.	

Portuguez.	Latim.	Conguez.	Bundo.

T A

Tardar.	Moror, aris.	Chinghíla.	✠
Tapete.	Tapes, etis. Tape-tum, i.	Tulúlu.	

T E

Tempo.	Tempus, oris.	Tándu.	
Ter.	Habeo, es. Teneo, es.	Avúa.	✠
Terra.	Terra, æ. Tellus, uris.	Nc'i.	Ochi.
Testemunha.	Testis, is.	Nbánqui.	Nbánqui.
Teta.	Mamma, æ. Uber, eris.	Iéne.	Riéle.
Tetas.	Mammæ, arum.	Maiéne.	Méle.

T I

Tia.	Amita, æ.	Ngúa.	
Tigre.	Tigris, is, vel idis.	Ngó, Ncó.	Inco.
Tingir.	Coloro, as.	Lúmba.	
Tinta de escrever.	Atramentum, i.	Eritéque.	
Tio.	Patruelis, e.	Guriancásci.	
Tirar.	Evello, is.	Catúla.	Cucatúla.

T O

Tocar instrumento.	Sono, as.	Chícca.	Cuchíca.
Tomar.	Accipio, is.	Vúca.	
Torcer.	Torqueo, es.	Tecáma.	
Tosse.	Tussis, is.	Nquuéla.	

Por-

Portuguez.	Latim.	Conguez.	Bundo.

T R

Trabalhar.	Laboro, as.	Sá'a.	
Trabalho.	Labor, is.	Sálu.	
Traducção.	Interpretatio, nis.	Fúmbi.	
Trave.	Trabs, is.	Múc'i.	Múec'i.
Travesseiro.	Pulvinar, aris.	Nfilátu.	
Tristeza.	Tristitia, e. Mæror, oris.	Cotáma.	
Triunfar.	Triumpho, as.	Bínga.	
Trocar.	Commuto, as.	Somaquéssa.	
Tromba de Elefante.	Proboscis, idis.	Macácc'i.	
Trombeta de Pretos.	Nigrorum buccina.	Npunghi.	Npúnghi.
Trováo.	Tonitrus, ûs.	Nbúmu.	
Trovejar.	Tono, as.	Séma.	

T U

Tu.	Tu, tui, tibi, te.	Eoghúie.	Eié.

V A

Vacca.	Vacca, e. Bos femina.	Ngúmbe.	Ngómbi.
Vagem dos legumes.	Vagina, e. Valvulus, i.	Mintólo.	
Vasio.	Vacuus, a, um.	Npavála.	
Vassallo.	Cliens, tis.	Aváta.	

Portuguez.	...Latim.	Conguez.	Bundo.
	V E		
Veia.	Vena , æ. Arteria, æ.	Moánc'i.	
Véla de cera.	Cereus , i.	Ncánia.	
Velho.	Senex , is.	Muquulúntu.	✠
Vender.	Vendo , is. Venundo , as.	Zumíssa.	Cussumbíssa.
Venial.	Peccatum levius.	Ríaluélo.	—
Veniaes.	Peccata levia.	Maluélo.	—
Vento.	Ventus , i.	Tembóua.	Quitémbe.
Ventre.	Venter , tris.	Quivúmu.	—
Ventres.	Ventres , um.	Ivúmu.	—
Ver.	Video , es. Cerno , is.	Móna.	Cumóna.
Verdade.	Verum , i.	Queléca.	
Verde.	Viridis , e.	Anbísu.	
Vermelho.	Ruber , bra , brum.	Tucúla.	✠
Vestir.	Vestio , is. Induo , is.	Ouáta.	Cuzuáta.
Vez.	Vicis , vici , vicem , vice.	Quúmu , Cúmbu.	H'ámba.
	V I		
Via.	Via , æ.	Núlla.	Ngílla.
Vibora.	Vipera , æ.	Nhóca.	Nhóca.
Vida.	Vita , æ.	Egingu.	—
Vigilancia.	Vigilantia , æ.	Luscicámu.	

Portuguez.	Latim.	Conguez.	Bundo.

V I

Vinda.	Adventus. Accessus, ûs.	Loísu.	
Vinho.	Vinum, i.	Malúffu.	Malúvu.
Violencia.	Violentia, æ. Vis, vis.	Cángu.	
Virgem.	Virgo, inis. Integra filia.	Mosúndi.	
Virgens.	Virgines, um.	Misúndi.	
Virtude.	Virtus, utis.	Riláu.	—
Virtudes.	Virtutes, um.	Maláu.	—
Viuva.	Vidua, æ.	Nfuánfa.	

U L

| Ultimo. | Ultimus. Infimus, a, um. | Nzochic'ílu. | |
| Ultrajar. | Offendo, is. | Sochéca. | |

U M

| Umbral de porta. | Limen, inis. | Sompúc'i. | |

U N

| Ungir, ou Untar. | Ungo, is. Lino, is. | Zússa. | |

V O

Voar.	Volo, as.	Vumúca.	
Volver.	Verto, is. Eructo, as.	Lúcca.	
Vontade.	Voluntas, atis.	Nzamóio.	

Portuguez.	Latin.	Conguez.	Bundo.

V O

| Vés. | Vos, vestrum, vel vestri. | Esu. | Ens. |
| Voz. | Vox, ocis. | Dínga. | |

Z E

| Zelo. | Zelus, i. | Quimbála. | |

Z O

| Zombar. | Irrideo, es. | Vangacéce. | |

TA-

TABOADA DE NUMEROS.

Portuguez, e Latim.	Conguez.	Bundo.
1.	Múchi.	Móahi.
2.	Sólle.	Fári.
3.	Tátu.	Tátu.
4.	Máia.	Uáná.
5.	Tánu.	Tánu.
6.	Samánu	Samánnu.
7.	Samboári.	Sambuári.
8.	Nánc.	Náqui.
9.	Eóua.	Ivvua.
10.	Cúmi.	Cúnhi.
20.	Mácu-nólle.	Mucúnhi-maiári.
30.	Mácu-matátu.	Macúnhi-matátu.
40.	Mácu-máia.	Macúnhi-mauána.
50.	Mácu-matánu.	Macúnhi-matánu.
60.	Mácu-masamánu.	Macúnhi-masamánnu.
70.	Loe Samboári-loencáma.	Macúnhi-masambuári.
80.	Lo-náne-lancáma.	Macúnhi-náqui.
90.	Lo-eóua lancáma.	Macúnhi-ivvua.
100.	Ncáma.	H'áma.
200.	Ncámá-sólle.	H'áma-luiári.
300.	Ncáma-tátu.	H'áma-lutátu.

Por-

Portuguez, e Latim.	Congues.	Bundo.
400.	Ncáma-máia.	H'áma-luána.
500.	Ncáma-tánu.	H'áma-Iutánu.
600.	Ncáma-samánu.	H'áma-samánnu.
700.	Lusambuári-quiancullági.	H'áma-sambuári.
800.	Lunáne-quiancullági.	H'áma-náqui.
900.	Loeóua-quiancullági.	H'áma-ivvua.
1000.	Luncullági.	H'alucági.
2000.	Ncúlla-sólle.	H'ulucági-aiári.
3000.	Ncúlla-tátu.	H'ulucági-atátu.
4000.	Ncúlla-máia.	H'ulucági-auána.
5000.	Ncúlla-tánu.	H'alucági-atánu.
6000.	Ncúlla-sámanu.	H'alucági-samánnu.
7000.	Lusambuári-quiá lunfúcu.	H'ulucági-sambuári.
8000.	Lunáne-quiá-lunfúcu.	H'ulucági-náqui.
9000.	Lueóua-quiá-lunfúcu.	H'ulucági-ivvua.
10000.	Lunfúcu.	O Nfúcu.
20000.	Unfúcu-sólle.	Nfúcu-aiári.
100000.	Lonpéve.	O H'néve.
200000.	Npéve-sólle.	H'uéve-aiári.
300000.	Npéve-tátu.	H'uéve-atátu.
400000.	Npéve-máia.	H'uéve-auána.
500000.	Npéve-tánu.	H'uéve-atáau.

E R-

ERRATAS.

Erros, e emendas da Collecção das Observações Grammaticaes.

PROEMIO.

Pagina.	Erros.	Emendas.
Pag. VI.	pro nome	pronome.
Pag. VII.	exprimírão-se	se exprimírão.

OBSERVAÇOENS.

Pagina	Erros	Emendas
Pag. 2.	Nós	nos.
Pag. 3.	Moua	mona.
Pag. 23.	Não	nem.
Pag. 23.	frequentamente	freqüentemente.
Pag. 24.	se divide	divide-se.
Pag. 31.	Estas	estes.
Pag. 31.	Preterlto	preterito.

Erros, e emendas do Diccionario.

Pagina.	Columna.	Linha.	Erros.	Emendas.
Pag. 160.	Col. 1.	lin. 7.	ove aquatica	ave aquatil.
Pag. 161.	Col. 2.	lin. 5.	Exandesco	Excandesco.
Pag. 161.	Col. 2.	lin. 10.	as	æ.
Pag. 162.	Col. 1.	lin. 4.	Alguns	algum.
Pag. 163.	Col. 4.	lin. ult.	Hóngolo	H'óngolo.
Pag. 171.	Col. 2.	lin. 8.	Commodo	Commode.
Pag. 173.	Col. 2.	lin. ult.	Galline	Gállinæ.
Pag. 175.	Col. 3.	lin. 6.	Zánbi	Zámbi.
Pag. 175.	Col. 4.	lin. 8.	Calúnda	Culúnda.

Pag. 176. Col. 1., e segunda ao nome Desejo corresponde em Latim o que está correspondendo ao Verbo Desamparar, e ao Verbo Desamparar o que está correspondendo ao nome Desejo.

Pagina	Columna	Linha	Erros	Emendas
Pag. 177.	Col. 1.	lin. 17.	Dorcuir	Dormir.
Pag. 178.	Col. 2.	lin. 5.	Legatu	Legatus.
Pag. 179.	Col. 4.	lin. 9.	boéci	bóchi.
Pag. 188.	Col. 4.	lin. 6.	Coés.	Cóco.
Pag. 190.	Col 2.	lin. 5.	Lacrime	Lacrymæ.
Pag. 190.	Col. 2.	lin. 6.	Lacrymæ	Lacrymo.
Pag. 192.	Col. 2.	lin. 7.	cris	eris.
Pag. 192.	Col. 2.	lin. 8.	Mamme	Mammæ.
Pag. 195.	Col. 2.	lin. 12.	Nes	Nos.
Pag. 196.	Col. 2.	lin. 5.	Occultuo	Occultus.

Pa-

Pagina.	Columna.	Linha.	Erros.	Emendas.
Pag. 196.	Col. 2.	lin. 13.	abeo	abis.
Pag. 199.	Col. 1.	lin. ult.	Pell.s	Pellos.
Pag. 201.	Col. 2.	lin. ult.	nis	uis.
Pag. 202.	Col. 2.	lin. 7.	Pancus	Paucùs.
Pag. 203.	Col. 2.	lin. 14.	qual	quod.
Pag. 205.	Col. 2.	lin. 5.	Recenseo	Recenseo.
Pag. 209.	Col. 2.	lin. 16.	Tabacum, i.	Betum, i.